CADA DÍA ORO POR MIS

HIJOS

EASTMAN CURTIS

CASA CREACIÓN
A STRANG COMPANY

Cada día oro por mis hijos por Eastman Curtis
Publicado por Casa Creación
Una compañía de Strang Communications
600 Rinehart Road
Lake Mary, Florida 32746
www.casacreacion.com

A menos que se indique lo contrario, todos los textos bíblicos han sido tomados de la versión Reina-Valera, de la *Santa Biblia*, revisión 1960. Usado con permiso.

Traducido por Lydia C. Morales
y Grupo Nivel Uno Inc.
Diseño de portada por: Rafael Sabino
Diseño interior por: Grupo Nivel Uno, Inc.

Library of Congress Control Number: 2004113824

ISBN-13: 978-1-59185-489-0

Impreso en los Estados Unidos de América

08 09 10 11 ❖ 8 7 6 5 4 3 2

Este libro está dedicado a todos los padres que desean orar y hacer la diferencia en la vida de sus hijos jóvenes y, a la larga, en todo su futuro.

Y a nuestras propias bendiciones, Sumner y Nicole, quienes continuamente brindan gozo y aventura a nuestras vidas.

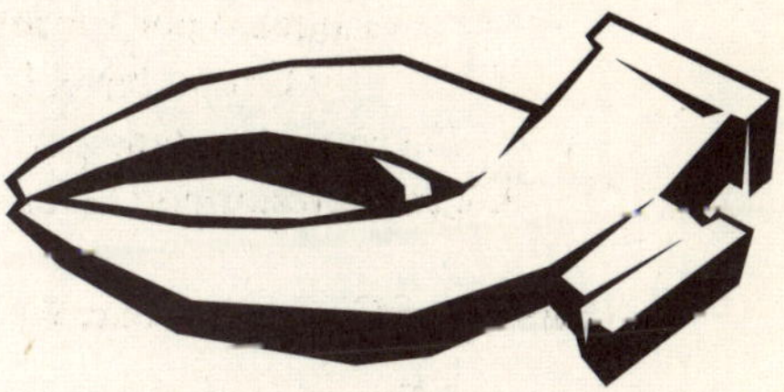

Reconocimientos

Especialmente queremos darles las gracias a nuestros padres. Debido a sus oraciones y al sustento del Espíritu Santo, continuamos esta carrera –Papi y Mami, ¡funciona!

También a Chuck E. Tate y Sarah Bruzelius por toda su información constructiva. No hubiésemos podido hacerlo sin ustedes.

A Utuana Graham por su fiel dedicación al llamado de este ministerio. Los amamos.

Así mismo al equipo de Casa Creación por su apoyo y compromiso para que el Evangelio llegue a todas las edades.

CONTENIDO

SECCIÓN II
ORACIONES QUE ROMPEN ATADURAS

Sección IV
Oraciones por necesidades escolares

Por favor, observe que este libro alterna el uso de las voces masculina y femenina en las oraciones.

Conozca a Eastman Curtis

Eastman Curtis es un comunicador dinámico del Evangelio de Jesucristo. Su pasión es conducir a las personas hacia su destino divino. Con una actitud por la excelencia, Eastman utiliza cada vía posible para compartir su mensaje.

Él es el autor de varios libros y es columnista de varios periódicos cristianos. Su celo por Dios y por la juventud de América se ha extendido a la televisión nacional a través de la serie *This Generation* (Esta Generación), así como del especial de 30 minutos por las cadenas afiliadas a FOX titulado *Eastman Curtis Live* (En Vivo con Eastman Curtis). Además, Eastman ha producido una serie de devocionales para la radio de 90 segundos de duración, que son disfrutados por la audiencia nacional por sus enseñanzas prácticas y humorísticas basadas en la vida diaria.

Eastman también organiza durante el año veinte cruzadas de fines de semanas para jóvenes y líderes de jóvenes llamadas *This Generation Conventions* (Convenciones Esta Generación). Ya sea que predique en iglesias, reuniones de negocios o convenciones, él comunica el mensaje de esperanza en Cristo con integridad y relevancia, convirtiéndolo en uno de los conferencistas más solicitado en América.

Su ministerio (Eastman Curtis Ministries) está localizado en Tulsa, Oklahoma, donde él y su esposa, Angel, viven con sus hijas Sumner y Nicole.

Introducción

El tiempo que le tome a usted leer esta introducción, aproximadamente 294 jóvenes no terminarán sus estudios de escuela superior, 125 jóvenes perderán su virginidad y 83 jóvenes fumarán su primer cigarrillo. Al final del día, estos números aumentarán a 14 mil, 6 mil y 4 mil respectivamente. Estadísticas como estas nos ponen alerta de los tiempos volátiles que nuestros jóvenes viven, y una razón más por la que nosotros como padres, debemos levantarnos contra esta ola de decepción con el arma más poderosa que tenemos: ¡la oración!

El plan maestro de redención que Dios diseñó para nuestras vidas no sólo cubre el perdón de pecados, la sanidad de nuestros cuerpos y bendiciones en nuestras finanzas. La Biblia está llena de promesas de redención para nuestros hijos. Es triste que muchos de nosotros, los padres, nunca hayamos tomado completa ventaja de la gran herencia que Jesús adquirió para nosotros y nuestros hijos. Si hubiera un tiempo para entender y propiciar estas promesas, ¡el tiempo es ahora!

¡Prepárese para los resultados! Este libro está diseñado para que sea una herramienta y un recurso que pueda usar para ayudar a su joven con la autoridad espiritual que Dios le ha dado. Sea que usted está creyendo que sean protegidos de caer en pecado o libres de las ataduras que los mantienen cautivos, las oraciones en este libro, mezcladas con su fe en Dios, obrarán un dramático cambio.

Mi propia vida es un testimonio de la tremenda obra que la oración puede lograr. Fui criado en un hogar inconverso con una madre soltera. Para el tiempo que alcanzaba los 17 años, había sido expulsado de tres escuelas por abuso de sustancias controladas y por la influencia negativa que ejercía en otros estudiantes. Pero tuve una abuela que oró por mí. Estoy convencido ahora más que nunca de que Dios escuchó las oraciones constantes de mi abuela y vio su fe ferviente que resultó en mi salvación. Fui desde ser un estudiante inepto y vendedor de drogas a ser un estudiante del cuadro de honor. De hecho, ¡fui el primero de mi clase en recibir una beca completa para estudios por mis capacidades de liderazgo y por una conducta ejemplar! Si Dios hizo esto por mí, Él lo puede hacer por cualquiera.

En los pasados 18 años, he dedicado mi vida a ministrar a jóvenes y sus padres, a través de convenciones y reuniones en iglesias por todos los EE.UU., Asia, Sur América y Europa. Debido a mi experiencia radical con Jesucristo a la edad de 17 años, siempre he tenido un deseo ardiente de ver a nuestros jóvenes sirviendo al Señor de todo corazón. Mientras usted declara estas oraciones por sus hijos jóvenes y estudia los versículos bíblicos, descubrirá el importante rol que Dios ha predestinado para sus jóvenes en este tiempo de avivamiento.

> "Y en los postreros días, dice Dios,
> Derramaré de mi Espíritu sobre toda carne,
> Y vuestros hijos y vuestras hijas profetizarán."
>
> Hechos 2:17

En 1992 el Señor, a través de su Espíritu Santo, me dijo que un avivamiento como jamás se ha visto en la historia de la humanidad, venía para los jóvenes estadounidenses. ¡Y creo que nosotros como padres tenemos una parte que jugar en encender la chispa que iniciará este próximo gran mover de Dios! Este libro de oraciones basadas en las Escrituras hará una tremenda diferencia en las vidas de sus hijos si usted ora por ellos en fe. ¡Tiene la Palabra de Dios a su favor!

No tenemos por qué estar sentados y pasivamente observando cómo nuestros jóvenes son tomados cautivos por el diablo. Usted tiene en sus manos una poderosa herramienta que puede cancelar todo plan que el diablo tiene contra sus hijos—la oración. En Santiago 5:16 la Biblia declara:

> "Confesaos vuestras ofensas unos a otros, y orad unos por otros, para que seáis sanados. La oración eficaz del justo puede mucho".

La oración es poderosa y cambia las cosas.

No importa cuán difícil pueda parecer su situación particular. ¡Dios es su oportuno socorro en el tiempo de la prueba! Usted no tiene por qué sentirse desvalido y desalentado durante esos años de adolescencia de sus hijos. Usted puede hacer la diferencia *por medio de la oración*.

Sección I

ORACIONES PARA LA VIDA ESPIRITUAL

La Palabra de Dios declara

1. "El amor nunca deja de ser; pero las profecías se acabarán, y cesarán las lenguas, y la ciencia acabará" (1 Corintios 13:8).
2. "Porque de tal manera amó Dios al mundo, que ha dado a su Hijo unigénito, para que todo aquel que en él cree, no se pierda, mas tenga vida eterna" (Juan 3:16).
3. "Un mandamiento nuevo os doy: Que os améis unos a otros; como yo os he amado, que también os améis unos a otros. En esto conocerán todos que sois mis discípulos, si tuviereis amor los unos con los otros" (Juan 13:34-35).
4. "...y la esperanza no avergüenza; porque el amor de Dios ha sido derramado en nuestros corazones por el Espíritu Santo que nos fue dado" (Romanos 5:5).
5. "En esto consiste el amor: no en que nosotros hayamos amado a Dios, sino en que él nos amó a nosotros, y envió a su Hijo en propiciación por nuestros pecados" (1 Juan 4:10).
6. "Y nosotros hemos conocido y creído el amor que Dios tiene para con nosotros. Dios es amor; y el que permanece en amor, permanece en Dios, y Dios en él" (1 Juan 4:16).
7. "El amor es sufrido, es benigno; el amor no tiene envidia, el amor no es jactancioso, no se envanece; no hace nada indebido, no busca lo suyo, no se irrita, no guarda rencor; no se goza de la injusticia, mas se goza de la verdad. Todo lo sufre, todo lo cree, todo lo espera, todo lo soporta" (1 Corintios 13:4-7).

1

Amor

Querido Padre celestial, gracias por tu amor inagotable.[1] Gracias por enviar a tu Hijo, Jesús, a derramar su sangre por nosotros.[2] Gracias, Jesús, por ser obediente hasta la muerte para que así tuviéramos vida. Te amo, Jesús, y ahora presento ante ti a mi hijo. Llénalo con tu amor hasta que irradie en su ser. Así otros conocerán que él te pertenece a ti.[3] Tú has derramado tu amor sobrenatural en su corazón por el Espíritu Santo.[4]

Dale a Laura_______ un mejor entendimiento de tu amor. Muéstrale lo que es el verdadero amor.[5] Permite que él sienta tu presencia y revélale cuánto tú le amas.[6] Gracias, Jesús, por hacer que él ame a los demás de la manera en que tú le amas.[7] Amén.

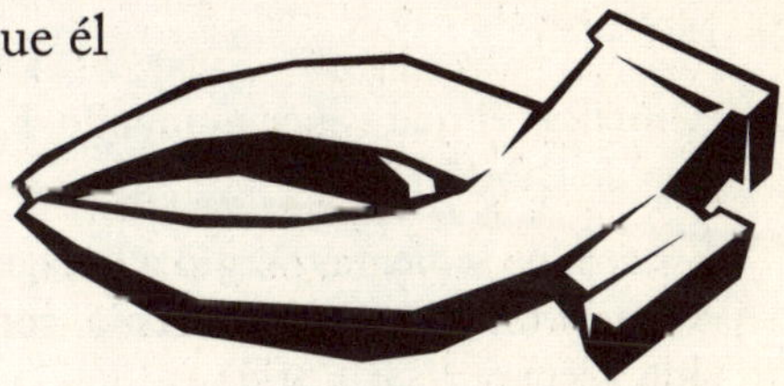

La Palabra de Dios declara

1. "Porque para vosotros es la promesa, y para vuestros hijos, y para todos los que están lejos; para cuantos el Señor nuestro Dios llamare" (Hechos 2:39).

2. "Y en los postreros días, dice Dios, derramaré de mi Espíritu sobre toda carne, y vuestros hijos y vuestras hijas profetizarán; vuestros jóvenes verán visiones, y vuestros ancianos soñarán sueños" (Hechos 2:17).

3. "Jesucristo es el mismo ayer, y hoy, y por los siglos" (Hebreos 13:8).

4. "Pues si vosotros, siendo malos, sabéis dar buenas dádivas a vuestros hijos, ¿cuánto más vuestro Padre celestial dará el Espíritu Santo a los que se lo pidan?" (Lucas 11:13).

5. Y les dijo: Id por todo el mundo y predicad el evangelio a toda criatura. El que creyere y fuere bautizado, será salvo; mas el que no creyere, será condenado. Y estas señales seguirán a los que creen: En mi nombre echarán fuera demonios; hablarán nuevas lenguas; tomarán en las manos serpientes, y si bebieren cosa mortífera, no les hará daño; sobre los enfermos pondrán sus manos, y sanarán" (Marcos 16:15-18).

6. ¿Quién es el que vence al mundo, sino el que cree que Jesús es el Hijo de Dios?" (1 Juan 5:5).

7. A todos los sedientos: Venid a las aguas; y los que no tienen dinero, venid, comprad y comed. Venid, comprad sin dinero y sin precio, vino y leche" (Isaías 55:1).

8. En el último y gran día de la fiesta, Jesús se puso en pie y alzó la voz, diciendo: Si alguno tiene sed, venga a mí y beba. El que cree en mí, como dice la Escritura, de su interior correrán ríos de agua viva" (Juan 7:37-38).

2

El bautismo del Espíritu Santo

Padre, te doy gracias porque Laura ha nacido de nuevo y es una hija tuya. Tú has prometido derramar tu Espíritu Santo en los últimos días sobre mí, mis hijos y todos los que están lejos.[1] Tu Espíritu capacitará a nuestros hijos e hijas para hacer grandes proezas.[2] Gracias porque tú eres el mismo Dios ayer, hoy y para siempre.[3]

Yo sé que tú das buenos regalos a tus hijos,[4] por lo que te pido que tú sumerjas a mi hija en el poder del Espíritu Santo. Equípala en el servicio para que sea una transformadora del mundo.[5] Ella no ha sido vencida por el mundo, pero vencerá al mundo por medio de tu poder.[6]

Haz que mi hija sienta sed por las cosas tuyas; que beba hasta saciarse del agua de tu Espíritu.[7] Tú diccs quc si alguno está sediento, venga a ti y beba, y de su interior correrán ríos de agua viva.[8] Que el río de Dios fluya a través de mi hija y brinde vida, sanidad y liberación a todo aquel que tenga contacto con ella. Amén.

La Palabra de Dios declara

1. "Huye el impío sin que nadie lo persiga; mas el justo está confiado como un león" (Proverbios 28:1).
2. "Cuando hubieron orado, el lugar en que estaban congregados tembló; y todos fueron llenos del Espíritu Santo, y hablaban con denuedo la palabra de Dios" (Hechos 4:31).
3. "Porque no nos ha dado Dios espíritu de cobardía, sino de poder, de amor y de dominio propio" (2 Timoteo 1:7).
4. "Por tanto, no te avergüences de dar testimonio de nuestro Señor, ni de mí, preso suyo, sino participa de las aflicciones por el evangelio según el poder de Dios" (2 Timoteo 1:8).
5. "Porque no me avergüenzo del evangelio, porque es poder de Dios para salvación a todo aquel que cree; al judío primeramente, y también al griego" (Romanos 1:16).
6. "Porque se me ha abierto puerta grande y eficaz, y muchos son los adversarios" (1 Corintios 16:9).
7. "Todo lo puedo en Cristo que me fortalece" (Filipenses 4:13).
8. "Pero recibiréis poder, cuando haya venido sobre vosotros el Espíritu Santo, y me seréis testigos en Jerusalén, en toda Judea, en Samaria, y hasta lo último de la tierra" (Hechos 1:8).
9. "Cuando hubieron orado, el lugar en que estaban congregados tembló; y todos fueron llenos del Espíritu Santo, y hablaban con denuedo la palabra de Dios" (Hechos 4:31).
10. "Porque tú, oh Jehová, bendecirás al justo; como con un escudo lo rodearás de tu favor" (Salmo 5:12).
11. "Y les dijo: Id por todo el mundo y predicad el evangelio a toda criatura" (Marcos 16:15).

3

Compartir a Jesús

Querido Padre celestial, gracias por mi hijo y la unción que has puesto sobre su vida. Oro para que derrames sobre ________ una nueva osadía la cual nunca antes haya experimentado.[1] Esa osadía lo ayudará a compartir efectivamente su fe.[2] Tú no le has dado espíritu de timidez, sino de poder, amor y dominio propio,[3] así no se avergüenza de testificar de ti.[4] Gracias, Padre, porque él no se avergüenza de hablar las Buenas Nuevas de Cristo.[5]

Concédele oportunidades efectivas para compartir su fe[6] y la fortaleza para compartir de ti con otros;[7] que sea un testigo para cada uno de aquellos que conozca.[8]

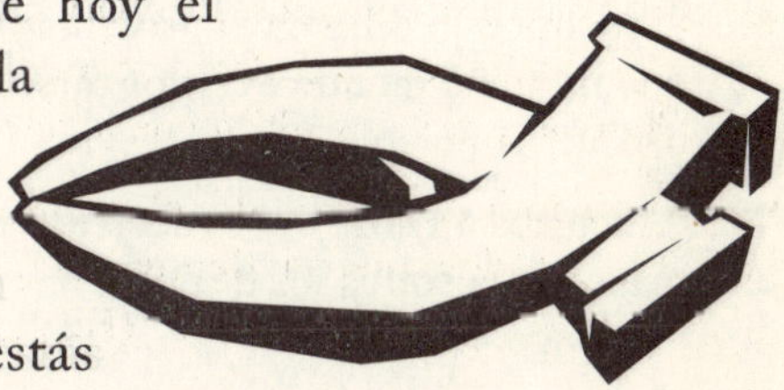

Gracias, Señor, porque hoy él camina en tu valor —con la osadía del Espíritu Santo.[9] Tú le estás dando favor con aquellos que tienen contacto con él.[10] Lo estás usando para encender un avivamiento en su escuela e impartirles a aquellos que le rodean. ¡Este es el día![11] En el nombre de Jesús.

La Palabra de Dios declara

1. "...por medio de las cuales nos ha dado preciosas y grandísimas promesas, para que por ellas llegaseis a ser participantes de la naturaleza divina, habiendo huido de la corrupción que hay en el mundo a causa de la concupiscencia" (2 Pedro 1:4).
2. "Por lo cual asimismo padezco esto; pero no me avergüenzo, porque yo sé a quién he creído, y estoy seguro que es poderoso para guardar mi depósito para aquel día" (2 Timoteo 1:12).
3. "...que sois guardados por el poder de Dios mediante la fe, para alcanzar la salvación que está preparada para ser manifestada en el tiempo postrero" (1 Pedro 1:5).
4. "Y amarás al Señor tu Dios con todo tu corazón, y con toda tu alma, y con toda tu mente y con todas tus fuerzas. Este es el principal mandamiento" (Marcos 12:30).
5. "Porque la palabra de Dios es viva y eficaz, y más cortante que toda espada de dos filos; y penetra hasta partir el alma y el espíritu, las coyunturas y los tuétanos, y discierne los pensamientos y las intenciones del corazón" (Hebreos 4:12).
6. "Procura con diligencia presentarte a Dios aprobado, como obrero que no tiene de qué avergonzarse, que usa bien la palabra de verdad" (2 Timoteo 2:15).
7. "Acercaos a Dios, y él se acercará a vosotros. Pecadores, limpiad las manos; y vosotros los de doble ánimo, purificad vuestros corazones" (Santiago 4:8).
8. "El que tiene oído, oiga lo que el Espíritu dice a las iglesias" (Apocalipsis 2:7).
9. "Encomienda a Jehová tu camino, y confía en él; y él hará" (Salmo 37:5).

4

Compromiso cristiano

Querido Padre celestial, yo te alabo por cada una de tus grandes y preciosas promesas que nos has dado a mí y a mis hijos.[1] Gracias por la promesa de mantener y proteger todo lo que he dedicado a ti hasta aquel día.[2] Yo entrego a Laura en tus amorosos brazos ahora mismo por la fe, conociendo que tú la guardarás por el poder de Dios para alcanzar la salvación.[3] Dale un deseo insaciable de servirte con todo su corazón, alma, mente y fuerzas.[4] Dale revelación de tu Palabra, la cual es más cortante que cualquier espada de dos filos.[5] Gracias porque ella está usando tu Palabra para destruir cualquier oposición que venga contra ella. Oro porque ella estudie y llegue a ser una joven que no se avergüence de ti.[6]

Padre, te agradezco por el hecho de que mientras ella se acerca a ti, tú te acercas más a ella.[7] Te ruego que le hables y le des un oído sensible, que pueda escuchar tu voz.[8] Te agradezco que ella esté comprometida a caminar contigo, y tú harás realidad sus sueños.[9] Sé su fortaleza y mantenla comprometida contigo. ¡En el nombre de Jesús!

La Palabra de Dios declara

1. "El ladrón no viene sino para hurtar y matar y destruir; yo he venido para que tengan vida, y para que la tengan en abundancia" (Juan 10:10).
2. "Después le halló Jesús en el templo, y le dijo: Mira, has sido sanado; no peques más, para que no te venga alguna cosa peor" (Juan 5:14).
3. "Con tremendas cosas nos responderás tú en justicia, oh Dios de nuestra salvación, esperanza de todos los términos de la tierra, y de los más remotos confines del mar" (Salmo 65:5).
4. "Mejor es confiar en Jehová que confiar en el hombre. Mejor es confiar en Jehová que confiar en príncipes" (Salmo 118:8-9).
5. "Como diente roto y pie descoyuntado es la confianza en el prevaricador en tiempo de angustia" (Proverbios 25:19).
6. "Todo lo puedo en Cristo que me fortalece" (Filipenses 4:13).
7. "No perdáis, pues, vuestra confianza, que tiene grande galardón" (Hebreos 10:35).
8. "…en quien tenemos seguridad y acceso con confianza por medio de la fe en él" (Efesios 3:12).

5

Confianza

Padre celestial, vengo ante tu presencia hoy para agradecerte por mi hijo. Te alabo por darle tu vida.[1]

Dale una confianza sobrenatural en ti.[2] Comienza ahora a edificar su estima en ti, porque tu Palabra dice que tú eres nuestra esperanza.[3] Oro porque Laura deposite toda su confianza en ti y no en los demás.[4] Aunque otros sean infieles y lo puedan defraudar, tú nunca lo defraudarás.[5] Que él pueda siempre recordar que todas las cosas las puede hacer a través de ti, Jesús.[6]

No permitas que pierda su confianza,[7] mas bien que dependa de ti. Que por fe él pueda acercarse a ti en toda libertad y confianza.[8]
En el nombre de Jesús.

La Palabra de Dios declara

1. "No lo digo porque tenga escasez, pues he aprendido a contentarme, cualquiera que sea mi situación" (Filipenses 4:11).
2. "Pero gran ganancia es la piedad acompañada de contentamiento" (1 Timoteo 6:6).
3. "En cuanto a mí, veré tu rostro en justicia; estaré satisfecho cuando despierte a tu semejanza" (Salmo 17:15).
4. "A los ricos de este siglo manda que no sean altivos, ni pongan la esperanza en las riquezas, las cuales son inciertas, sino en el Dios vivo, que nos da todas las cosas en abundancia para que las disfrutemos" (1 Timoteo 6:17).
5. "Bienaventurados los que tienen hambre y sed de justicia, porque ellos serán saciados" (Mateo 5:6).
6. "Y su señor le dijo: Bien, buen siervo y fiel; sobre poco has sido fiel, sobre mucho te pondré; entra en el gozo de tu señor" (Mateo 25:21).

6

Contentamiento

Padre celestial, te presento hoy a Laura. Gracias por amarla. Hoy te pido que enseñes a mi hija a estar contenta con las cosas que tú le has dado.[1] Que pueda aprender que el contentamiento piadoso producirá gran ganancia.[2] Permite que ella pueda encontrar su contentamiento y satisfacción en ti.[3] Haz que pueda ver cuán vano es poner su confianza en las cosas materiales, antes bien que su esperanza esté puesta en ti, quien nos da todas las cosas en abundancia para que las disfrutemos.[4]

Dios, permite que mi hija sea consumida con una hambre y sed por tu justicia, porque tú has prometido saciarla.[5] Haz que ella pueda ser fiel en las cosas pequeñas y así pueda ser bendecida en lo mucho.[6] En el nombre de Jesús.

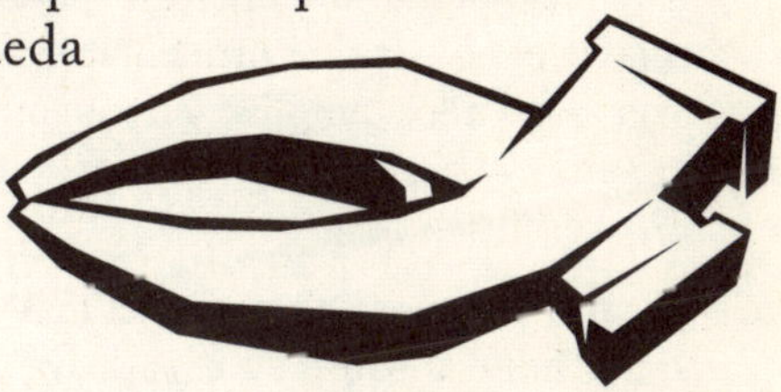

La Palabra de Dios declara

1. "Dad, y se os dará; medida buena, apretada, remecida y rebosando darán en vuestro regazo; porque con la misma medida con que medís, os volverán a medir" (Lucas 6: 38).

2. "...y hablaron a Moisés, diciendo: El pueblo trae mucho más de lo que se necesita para la obra que Jehová ha mandado que se haga. Entonces Moisés mandó pregonar por el campamento, diciendo: Ningún hombre ni mujer haga más para la ofrenda del santuario. Así se le impidió al pueblo ofrecer más; pues tenían material abundante para hacer toda la obra, y sobraba" (Éxodo 36:5-7).

3. "No os engañéis; Dios no puede ser burlado: pues todo lo que el hombre sembrare, eso también segará. Porque el que siembra para su carne, de la carne segará corrupción; mas el que siembra para el Espíritu, del Espíritu segará vida eterna" (Gálatas 6:7-8).

4. "Cada uno dé como propuso en su corazón: no con tristeza, ni por necesidad, porque Dios ama al dador alegre" (2 Corintios 9:7).

5. "Los proverbios de Salomón, hijo de David, rey de Israel. Para entender sabiduría y doctrina, para conocer razones prudentes, para recibir el consejo de prudencia, justicia, juicio y equidad; para dar sagacidad a los simples, y a los jóvenes inteligencia y cordura. Oirá el sabio, y aumentará el saber, y el entendido adquirirá consejo" (Proverbios 1:1-5).

6. "Y dijo el Señor: ¿Quién es el mayordomo fiel y prudente al cual su señor pondrá sobre su casa, para que a tiempo les dé su ración?" (Lucas 12:42).

7

El dar

Padre celestial, gracias por el regalo más grande de todos—el regalo de tu Hijo Jesús—y así tuviéramos la vida abundante. Gracias por impartir tu naturaleza dadivosa en mi hijo en el momento que nació de nuevo. Permite que esa naturaleza resalte en su vida, y cumple tu promesa de recompensarlo en medida buena, apretada, remecida y rebosante.[1]

Padre, enséñale a Laura a dar libremente de manera que haya abundancia para hacer toda tu obra.[2] Gracias por hacer realidad en él los principios de la siembra y la cosecha,[3] capacitándolo de tal manera que él segará una poderosa cosecha. Ayúdalo a que dé con gozo, porque tú amas al dador alegre.[4]

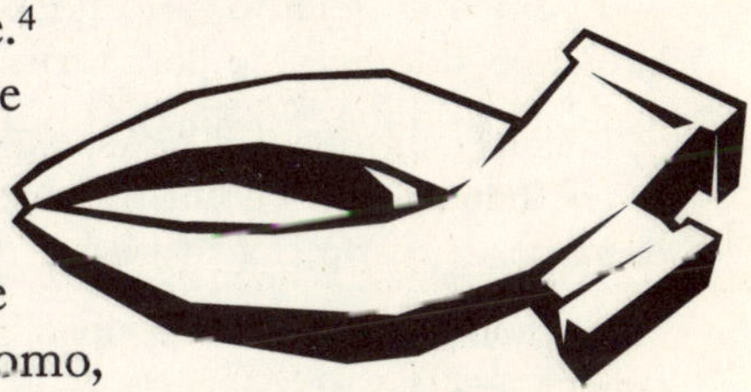

Padre, te alabo por darle a Laura sabiduría sobrenatural en el área de las finanzas.[5] Que pueda ser un buen mayordomo, no sólo con su dinero sino con todo lo que tú le has confiado.[6] En el nombre de Jesús.

La Palabra de Dios declara

1. "Por tanto, nosotros también, teniendo en derredor nuestro tan grande nube de testigos, despojémonos de todo peso y del pecado que nos asedia, y corramos con paciencia la carrera que tenemos por delante, puestos los ojos en Jesús, el autor y consumador de la fe, el cual por el gozo puesto delante de él sufrió la cruz, menospreciando el oprobio, y se sentó a la diestra del trono de Dios" (Hebreos 12:1-2).
2. "Y después de esto derramaré mi Espíritu sobre toda carne, y profetizarán vuestros hijos y vuestras hijas; vuestros ancianos soñarán sueños, y vuestros jóvenes verán visiones" (Joel 2:28).
3. "Y Jehová me respondió, y dijo: Escribe la visión, y declárala en tablas, para que corra el que leyere en ella" (Habacuc 2:2).
4. "¿No sabéis que los que corren en el estadio, todos a la verdad corren, pero uno solo se lleva el premio? Corred de tal manera que lo obtengáis. Todo aquel que lucha, de todo se abstiene; ellos, a la verdad, para recibir una corona corruptible, pero nosotros, una incorruptible. Así que, yo de esta manera corro, no como a la ventura; de esta manera peleo, no como quien golpea el aire, sino que golpeo mi cuerpo, y lo pongo en servidumbre, no sea que habiendo sido heraldo para otros, yo mismo venga a ser eliminado" (1 Corintios 9:24-27).
5. "…estando persuadido de esto, que el que comenzó en vosotros la buena obra, la perfeccionará hasta el día de Jesucristo" (Filipenses 1:6).
6. "Con lisonjas seducirá a los violadores del pacto; mas el pueblo que conoce a su Dios se esforzará y actuará" (Daniel 11:32).
7. "Porque tú, oh Jehová, bendecirás al justo; como con un escudo lo rodearás de tu favor" (Salmo 5:12).

8

Destino

Padre celestial, gracias por el llamado que tú has puesto en la vida de Laura. Tú has diseñado una ruta especialmente para ella. Gracias porque ella cumplirá el destino que tienes para ella mientras ella persevere.[1]

Tú prometiste derramar de tu Espíritu sobre mi hija, capacitándola para que vea visiones y tenga sueños.[2] Dale a mi hija la confianza y el valor para ir tras la visión que tú le has dado.[3] No dejes que nada la desvíe del camino. Ayúdala a mantener los ojos fijos en ti.[4]

Gracias porque tú prometiste perfeccionar la buena obra que ya tú has comenzado en su vida.[5] Tú has declarado que el pueblo que conoce a su Dios se esforzará y actuará.[6] Ayúdala a conocer y seguir tu Palabra y así ella sea capaz de experimentar gran éxito en todo lo que ella emprenda.[7] ¡En el nombre de Jesús!

La Palabra de Dios declara

1. "Yo amo a los que me aman, y me hallan los que temprano me buscan" (Proverbios 8:17).
2. "Porque la palabra de Dios es viva y eficaz, y más cortante que toda espada de dos filos; y penetra hasta partir el alma y el espíritu, las coyunturas y los tuétanos, y discierne los pensamientos y las intenciones del corazón" (Hebreos 4:12).
3. "...asidos de la palabra de vida, para que en el día de Cristo yo pueda gloriarme de que no he corrido en vano, ni en vano he trabajado" (Filipenses 2:16).
4. "Toda la Escritura es inspirada por Dios, y útil para enseñar, para redargüir, para corregir, para instruir en justicia" (2 Timoteo 3:16).
5. "En mi corazón he guardado tus dichos, para no pecar contra ti" (Salmo 119:11).
6. "Lámpara es a mis pies tu palabra, y lumbrera a mi camino" (Salmo 119:105).
7. "Por nada estéis afanosos, sino sean conocidas vuestras peticiones delante de Dios en toda oración y ruego, con acción de gracias" (Filipenses 4:6).
8. "Te amo, oh Jehová, fortaleza mía. Jehová, roca mía y castillo mío, y mi libertador; Dios mío, fortaleza mía, en él confiaré; mi escudo, y la fuerza de mi salvación, mi alto refugio" (Salmo 18:1-2).
9. "Porque tú has sido mi refugio, y torre fuerte delante del enemigo" (Salmo 61:3).

9

Devociones personales

Padre celestial, sigue aumentando en mi hijo el amor por ti. Haz una obra en su vida de devoción. Dale una hambre sobrenatural por la Palabra de Dios.[1] ¡Haz que tu Palabra sea vida en mi hijo, porque tu Palabra es viva y eficaz y su poder es ilimitado![2] Permite que esa Palabra salte de las páginas al ser interior de mi hijo.[3] Háblale a través de ella y de tu Espíritu,[4] y que su mente y corazón estén prestos a lo que tú tengas que decir. Porque tu Palabra nos aleja del pecado,[5] y es como una lumbrera que nos ayuda a ver tu camino.[6]

Oro también, Señor, porque ____________ tomará tiempo para hablar y tener comunión contigo. Tú has dicho que por nada estemos afanosos, sino que todas nuestras peticiones las traigamos delante de ti en oración.[7] Gracias por poner el deseo de tomar tiempo contigo en el corazón de mi hijo. Tú eres la fortaleza en donde podemos refugiarnos; tú eres nuestra roca y castillo donde podemos escondernos.[8] Tú eres una torre de refugio.[9] Te doy gracias porque mi hijo está más cerca de ti y está en tus manos. Amén.

La Palabra de Dios declara

1. "Dad, y se os dará; medida buena, apretada, remecida y rebosando darán en vuestro regazo; porque con la misma medida con que medís, os volverán a medir" (Lucas 6:38).
2. "Pero todas estas cosas las hace uno y el mismo Espíritu, repartiendo a cada uno en particular como él quiere" (1 Corintios 12:11).
3. "Mas buscad primeramente el reino de Dios y su justicia, y todas estas cosas os serán añadidas" (Mateo 6:33).
4. "Seguid el amor; y procurad los dones espirituales, pero sobre todo que profeticéis" (1 Corintios 14:1).
5. "Así también vosotros; pues que anheláis dones espirituales, procurad abundar en ellos para edificación de la iglesia" (1 Corintios 14:12).
6. "Procurad, pues, los dones mejores. Mas yo os muestro un camino aun más excelente" (1 Corintios 12:31).
7. "Procura con diligencia presentarte a Dios aprobado, como obrero que no tiene de qué avergonzarse, que usa bien la palabra de verdad" (2 Timoteo 2:15).
8. "Porque a éste es dada por el Espíritu palabra de sabiduría; a otro, palabra de ciencia según el mismo Espíritu; a otro, fe por el mismo Espíritu; y a otro, dones de sanidades por el mismo Espíritu. A otro, el hacer milagros; a otro, profecía; a otro, discernimiento de espíritus; a otro, diversos géneros de lenguas; y a otro, interpretación de lenguas" (1 Corintios 12:8-10).
9. "Y después de esto derramaré mi Espíritu sobre toda carne, y profetizarán vuestros hijos y vuestras hijas; vuestros ancianos soñarán sueños, y vuestros jóvenes verán visiones"(Joel 2:28).

10

Dones espirituales

Padre celestial, vengo ante tu presencia hoy para alabarte por lo que tú eres. Gracias, Señor, porque tú das abundantemente.[1] Es tu deseo el darnos dones espirituales,[2] no sólo a mí sino también a mis hijos. Padre, mientras te buscamos primeramente a ti, tú añadirás bendiciones a nuestras vidas.[3] Haz que ____________ anhele los dones espirituales[4] así también que abunde en ellos.[5]

Gracias, Señor, porque mi hija procurará[6] estos dones espirituales y los usará bien.[7] Haz que arda en su corazón el deseo de usar tus dones para bendecir el Cuerpo de Cristo con la palabra de sabiduría, palabra de ciencia, don de fe, dones de sanidades, el hacer milagros, discernimiento de espíritus, géneros de lenguas e interpretación de lenguas.[8] Tú has dicho que en los últimos días derramarías de tu Espíritu sobre toda carne. Prometiste que nuestros hijos e hijas profetizarían.[9] Gracias, Jesús, por derramar tu Espíritu sobre mi hija. ¡Ella nunca será la misma! Amén.

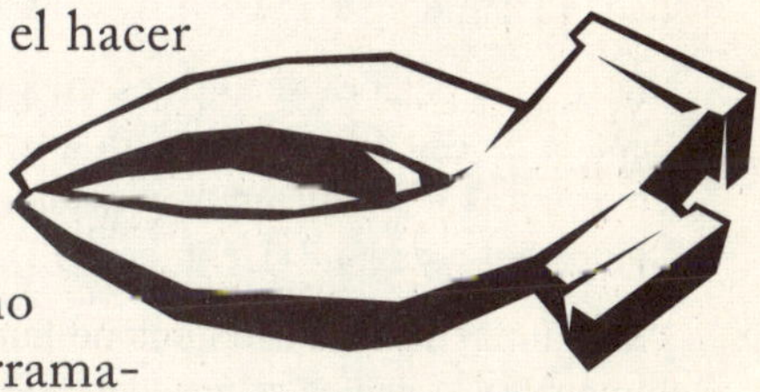

La Palabra de Dios declara

1. "Por lo cual también nosotros, desde el día que lo oímos, no cesamos de orar por vosotros, y de pedir que seáis llenos del conocimiento de su voluntad en toda sabiduría e inteligencia espiritual" (Colosenses 1:9).
2. "El principio de la sabiduría es el temor de Jehová; buen entendimiento tienen todos los que practican sus mandamientos; su loor permanece para siempre" (Salmo 111:10).
3. "Lámpara es a mis pies tu palabra, y lumbrera a mi camino" (Salmo 119:105).
4. "La exposición de tus palabras alumbra; hace entender a los simples" (Salmo 119:130).
5. "...alumbrando los ojos de vuestro entendimiento, para que sepáis cuál es la esperanza a que él os ha llamado, y cuáles las riquezas de la gloria de su herencia en los santos" (Efesios 1:18).
6. "Procura con diligencia presentarte a Dios aprobado, como obrero que no tiene de qué avergonzarse, que usa bien la palabra de verdad" (2 Timoteo 2:15).
7. "Porque la palabra de Dios es viva y eficaz, y más cortante que toda espada de dos filos; y penetra hasta partir el alma y el espíritu, las coyunturas y los tuétanos, y discierne los pensamientos y las intenciones del corazón" (Hebreos 4:12).
8. "Manantial de vida es el entendimiento al que lo posee; mas la erudición de los necios es necedad" (Proverbios 16:22).

11

Entendimiento de la Biblia

Padre celestial, tú eres el Dios de sabiduría y entendimiento, y te agradezco por disponer ese entendimiento a _______________.[1] Tú has dicho que aquellos que practican tus mandamientos tendrán entendimiento sobrenatural.[2] Mi hijo necesita tu entendimiento; él necesita entender tu Palabra. Ella es lámpara a sus pies y lumbrera a su camino.[3] Ella da luz y entendimiento a los simples.[4]

Sin tu Palabra no podemos ver hacia dónde vamos. Padre, alumbra los ojos del entendimiento de mi hijo para que así él pueda ver y entender tus misterios.[5] Haz que su mente esté alerta y su corazón receptivo a lo que dice tu Palabra. Oro porque él pueda usar bien la Palabra y presentarse ante ti como obrero aprobado.[6] Haz que tu Palabra viva en su corazón hoy.[7] ¡Que esa Palabra escrita imparta vida al espíritu de mi hijo! Agradezco que tú le estés dando revelación y entendimiento de tu Palabra, porque ella es manantial de vida para él.[8] Amén.

La Palabra de Dios declara

1. "Pero vosotros, amados, edificándoos sobre vuestra santísima fe, orando en el Espíritu Santo" (Judas 20).
2. "Así que, hermanos míos amados, estad firmes y constantes, creciendo en la obra del Señor siempre, sabiendo que vuestro trabajo en el Señor no es en vano" (1 Corintios 15:58).
3. "Dice en su corazón: No seré movido jamás; nunca me alcanzará el infortunio" (Salmo 10:6).
4. "Si fueres flojo en el día de trabajo, tu fuerza será reducida" (Proverbios 24:10).
5. "Por lo demás, hermanos míos, fortaleceos en el Señor, y en el poder de su fuerza. Vestíos de toda la armadura de Dios, para que podáis estar firmes contra las asechanzas del diablo. Por tanto, tomad toda la armadura de Dios, para que podáis resistir en el día malo, y habiendo acabado todo, estar firmes" (Efesios 6:10-11, 13).
6. "Porque somos hechos participantes de Cristo, con tal que retengamos firme hasta el fin nuestra confianza del principio" (Hebreos 3:14).
7. "Te pondrá Jehová por cabeza, y no por cola; y estarás encima solamente, y no estarás debajo, si obedecieres los mandamientos de Jehová tu Dios, que yo te ordeno hoy, para que los guardes y cumplas… El te prestará a ti, y tú no le prestarás a él; él será por cabeza, y tú serás por cola" (Deuteronomio 28:13, 44).
8. "Antes, en todas estas cosas somos más que vencedores por medio de aquel que nos amó" (Romanos 8:37).

12

Estabilidad

Padre celestial, gracias por mi hija. Te agradezco que hayas obrado en ella para que te sirva con todo su corazón. Padre, tú dices en tu Palabra que nos edifiquemos sobre nuestra santísima fe.[1] Gracias porque tú has hecho que mis hijos se edifiquen en tu Palabra hasta el punto que no vacilarán. ¡Te alabo en este día porque ______________ no se descarriará sino que estará firme y constante![2] Aun en medio de la adversidad, ella no será movida.[3] Tu Palabra dice que si fuéramos flojos en el día de trabajo, nuestra fuerza será reducida.[4] Pero la fuerza de mi hija no será reducida—¡ella se fortalece en ti!

Gracias por la armadura divina que la equipa para estar firme.[5] Nada la hará mover, porque ella sabe que su trabajo no es en vano. Otórgale una determinación santa para servirte.

Gracias, Jesús, porque ella se mantendrá firme hasta el fin.[6] Ella es cabeza y no cola.[7] Estará encima y no debajo. ¡Ella es más que vencedora![8] ¡La victoria le pertenece! Amén.

La Palabra de Dios declara

1. "Este es el día que hizo Jehová; nos gozaremos y alegraremos en él" (Salmo 118:24).
2. "Regocijaos en el Señor siempre. Otra vez digo: ¡Regocijaos!" (Filipenses 4:4).
3. "…a quien amáis sin haberle visto, en quien creyendo, aunque ahora no lo veáis, os alegráis con gozo inefable y glorioso" (1 Pedro 1:8).
4. "Luego les dijo: Id, comed grosuras, y bebed vino dulce, y enviad porciones a los que no tienen nada preparado; porque día santo es a nuestro Señor; no os entristezcáis, porque el gozo de Jehová es vuestra fuerza" (Nehemías 8:10).
5. "Si fueres flojo en el día de trabajo, tu fuerza será reducida" (Proverbios 24:10).
6. "Todos los días del afligido son difíciles; mas el de corazón contento tiene un banquete continuo" (Proverbios 15:15).
7. "…a ordenar que a los afligidos de Sión se les dé gloria en lugar de ceniza, óleo de gozo en lugar de luto, manto de alegría en lugar del espíritu angustiado; y serán llamados árboles de justicia, plantío de Jehová, para gloria suya" (Isaías 61:3).
8. "Estas cosas os escribimos, para que vuestro gozo sea cumplido" (1 Juan 1:4).
9. "Estas cosas os he hablado, para que mi gozo esté en vosotros, y vuestro gozo sea cumplido" (Juan 15:11).
10. "Me hiciste conocer los caminos de la vida; me llenarás de gozo con tu presencia" (Hechos 2:28).

13

Gozo

Padre celestial, gracias por brindarnos un nuevo día; ¡el día en el cual nos gozaremos![1] ¡Inunda a _______________ con tu gozo, haz que haya un continuo regocijo en su corazón![2] Gracias, Jesús, por darnos tanto de tu gozo que las palabras no lo pueden describir.[3]

Permite que tu gozo le dé energía y lo fortalezca hoy.[4] Dale la fuerza para resistir toda adversidad que pueda venir en su camino.[5] Que haya una continua celebración en su corazón, por todo lo que tú haz hecho por él.[6]

¡Yo declaro la victoria sobre el espíritu de angustia en su vida y te pido que lo reemplaces con un manto de alegría![7] Gracias, Dios, porque el diablo no puede robarle a mi hijo el gozo. ¡Permite que tu Palabra arda en su corazón hasta producir en él un gozo completo que proviene solamente de ti![8] Ese gozo permanecerá en él por el resto de su vida[9] y causará efecto en otros. Es mi oración que otras personas vean a Jesús en su semblante.[10] ¡En el nombre de Jesús!

La Palabra de Dios declara

1. "…según nos escogió en él antes de la fundación del mundo, para que fuésemos santos y sin mancha delante de él, en amor habiéndonos predestinado para ser adoptados hijos suyos por medio de Jesucristo, según el puro afecto de su voluntad, para alabanza de la gloria de su gracia, con la cual nos hizo aceptos en el Amado" (Efesios 1:4-6).
2. "Porque tú eres pueblo santo para Jehová tu Dios; Jehová tu Dios te ha escogido para serle un pueblo especial, más que todos los pueblos que están sobre la tierra" (Deuteronomio 7:6).
3. "Yo en ellos, y tú en mí, para que sean perfectos en unidad, para que el mundo conozca que tú me enviaste, y que los has amado a ellos como también a mí me has amado" (Juan 17:23).
4. "Porque un momento será su ira, pero su favor dura toda la vida. Por la noche durará el lloro, y a la mañana vendrá la alegría" (Salmo 30:5).
5. "Y me ha dicho: Bástate mi gracia; porque mi poder se perfecciona en la debilidad. Por tanto, de buena gana me gloriaré más bien en mis debilidades, para que repose sobre mí el poder de Cristo" (2 Corintios 12:9).
6. "Y el mismo Jesucristo Señor nuestro, y Dios nuestro Padre, el cual nos amó y nos dio consolación eterna y buena esperanza por gracia, conforte vuestros corazones, y os confirme en toda buena palabra y obra" (2 Tesalonicenses 2:16-17).

14

Gracia y favor

Padre, gracias por escoger a ________________ aun antes de que tú crearas el mundo, por adoptarla como tu propia hija y transformarla para que sea santa y sin mancha, para gloria de tu gracia.[1] Ella te pertenece y ha venido a ser un tesoro especial ante tus ojos.[2] Gracias por amarla con el mismo amor que tuviste por tu Hijo Jesús.[3] Gracias por el favor que tú le has dado, ¡favor que durará toda su vida![4]

Padre, te agradezco por tu gracia y favor inmerecidos. Y te doy gracias, Señor, que tu gracia es suficiente para mi hija.[5] Ayúdala a comprender la verdad de que en medio de su debilidad y sus más vulnerables momentos, tu gracia y poder se perfecciona.

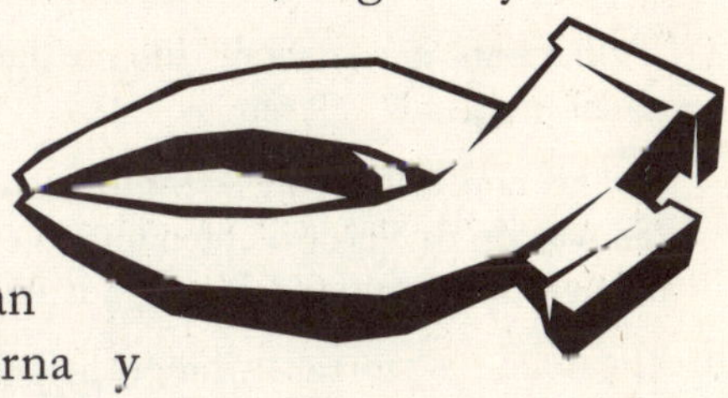

Ayuda a __________ a vivir en un constante conocimiento de que tu amor y tu gracia le brindan a ella consolación eterna y buena esperanza, y la confirma en toda buena palabra y obra.[6] En el nombre de Jesús.

La Palabra de Dios declara

1. "Instruye al niño en su camino, y aun cuando fuere viejo no se apartará de él" (Proverbios 22:6).
2. "Porque todos los que son guiados por el Espíritu de Dios, éstos son hijos de Dios" (Romanos 8:14).
3. "La integridad de los rectos los encaminará; pero destruirá a los pecadores la perversidad de ellos" (Proverbios 11:3).
4. "Y guiaré a los ciegos por camino que no sabían, les haré andar por sendas que no habían conocido; delante de ellos cambiaré las tinieblas en luz, y lo escabroso en llanura. Estas cosas les haré, y no los desampararé" (Isaías 42:16).
5. "Porque tú eres mi roca y mi castillo; por tu nombre me guiarás y me encaminarás" (Salmo 31:3).
6. "Te haré entender, y te enseñaré el camino en que debes andar; sobre ti fijaré mis ojos" (Salmo 32:8).
7. "Me has guiado según tu consejo, y después me recibirás en gloria" (Salmo 73:24).
8. "A lo menos desde ahora, ¿no me llamarás a mí, Padre mío, guiador de mi juventud?" (Jeremías 3:4).
9. "No os conforméis a este siglo, sino transformaos por medio de la renovación de vuestro entendimiento, para que comprobéis cuál sea la buena voluntad de Dios, agradable y perfecta" (Romanos 12:2).
10. "Jehová te pastoreará siempre, y en las sequías saciará tu alma, y dará vigor a tus huesos; y serás como huerto de riego, y como manantial de aguas, cuyas aguas nunca faltan" (Isaías 58:11).

15

GUÍA

Padre celestial, gracias porque ________________ ha nacido de nuevo y te está sirviendo. Tu Palabra declara que si él es instruido en el buen camino, cuando fuere viejo no se apartará de él.[1] Gracias porque tu Espíritu Santo lo guía.[2] Tú has declarado que la integridad de mi hijo lo encaminará,[3] por eso te pido que lo dirijas con la guía que sólo proviene de tu Espíritu. Tú eres guía a los ciegos y luz para aquellos que no pueden ver.[4] Tú eres su roca y castillo y tú lo guiarás y lo encaminarás.[5]

Gracias por enseñar a mi hijo por el camino en que debe andar y por fijar tus ojos en él.[6] Guíalo según tu consejo.[7]

Señor, tú eres guiador de nuestra juventud,[8] no los medios, no sus amigos, ¡sino tú! Te alabo por renovar el entendimiento de mi hijo como lo expresa tu Palabra. Muéstrale cuál sea la buena y perfecta voluntad para él.[9] Gracias, Señor, por tu guía divina que continuamente lo dirige a alcanzar lo maravilloso que tienes para su vida.[10] Mi hijo está en tus manos, y por eso te doy gracias. Amén.

La Palabra de Dios declara

1. "Y después de esto derramaré mi Espíritu sobre toda carne, y profetizarán vuestros hijos y vuestras hijas; vuestros ancianos soñarán sueños, y vuestros jóvenes verán visiones" (Joel 2:28).
2. "Bienaventurados los que tienen hambre y sed de justicia, porque ellos serán saciados" (Mateo 5:6).
3. "Como el ciervo brama por las corrientes de las aguas, así clama por ti, oh Dios, el alma mía" (Salmo 42:1).
4. "Acercaos a Dios, y él se acercará a vosotros. Pecadores, limpiad las manos; y vosotros los de doble ánimo, purificad vuestros corazones" (Santiago 4:8).
5. "Someteos, pues, a Dios; resistid al diablo, y huirá de vosotros" (Santiago 4:7).
6. "Por lo demás, hermanos, orad por nosotros, para que la palabra del Señor corra y sea glorificada, así como lo fue entre vosotros" (2 Tesalonicenses 3:1).

16

Hambre por Dios

Amado Padre celestial, gracias por la oportunidad de enseñar a _______________ con tu Palabra. Te alabo por el amor que mi hija tiene hacia ti. Me acuerdo de que tu Palabra declara que tú derramarías tu Espíritu, y nuestros hijos e hijas profetizarían.[1] Por eso te pido que ahora mismo tú derrames tu Espíritu sobre mi hija. Que tenga tal hambre por ti como nunca antes la haya tenido—hambre de justicia, hambre de tu Palabra, y hambre por estar en tu presencia. Tú prometiste saciar a aquellos que tenían hambre y sed de justicia.[2]

Como el ciervo cuando brama por agua, así sea la sed que mi hija tenga por ti.[3] Mientras ella se acerca a ti, tú te acercarás a ella.[4] Ahora mismo, en el nombre de Jesús, yo tomo autoridad sobre cualquier oposición que trate de impedir la obra que tú quieres realizar en la vida de mi hija.[5] Yo desato tu Palabra y tu Espíritu para que corra y sea glorificada en su vida.[6] En el nombre de Jesús está hecho.

La Palabra de Dios declara

1. "Y estas señales seguirán a los que creen: En mi nombre echarán fuera demonios; hablarán nuevas lenguas" (Marcos 16:17).
2. "Y habiéndoles impuesto Pablo las manos, vino sobre ellos el Espíritu Santo; y hablaban en lenguas, y profetizaban" (Hechos 19:6).
3. "¿Qué, pues? Oraré con el espíritu, pero oraré también con el entendimiento; cantaré con el espíritu, pero cantaré también con el entendimiento" (1 Corintios 14:15).
4. "Y se les aparecieron lenguas repartidas, como de fuego, asentándose sobre cada uno de ellos" (Hechos 2:3).
5. "Y de igual manera el Espíritu nos ayuda en nuestra debilidad; pues qué hemos de pedir como conviene, no lo sabemos, pero el Espíritu mismo intercede por nosotros con gemidos indecibles" (Romanos 8:26).
6. "Pero recibiréis poder, cuando haya venido sobre vosotros el Espíritu Santo, y me seréis testigos en Jerusalén, en toda Judea, en Samaria, y hasta lo último de la tierra" (Hechos 1:8).

17

Lenguas

Padre celestial, gracias por el poder del Espíritu Santo y la habilidad de hablar en otras lenguas. Padre, yo te presento hoy a mi hijo. Gracias por su vida. Gracias por bautizarlo con tu Espíritu Santo. Tú declaraste en tu Palabra que las señales seguirían a los que creyeran. En tu nombre hablaremos en nuevas lenguas.[1] Cuando Pablo imponía sus manos en la gente, el Espíritu Santo venía sobre ellos, y comenzaban a hablar en otras lenguas.[2] Tu Palabra también declara que todos debemos hablar en lenguas.[3] Esto incluye a ______________. Así como descendieron aquellas lenguas repartidas, como de fuego, sobre los que estaban en el aposento alto,[4] ¡permite que el fuego de tu Espíritu Santo caiga sobre él! Oro que él pueda ejercitar el don de lenguas en su vida.

Gracias por esa herramienta poderosa que lo ayudará a orar aun cuando él no sepa qué pedir. Tu Espíritu Santo está ahí para ayudarlo.[5] Permite que las lenguas fluyan de él como un río. Llénalo hasta que rebose. ¡Gracias, Jesús, por llenar a mi hijo con tu poder capacitador![6] Amén.

La Palabra de Dios declara

1. "Antes que te formase en el vientre te conocí, y antes que nacieses te santifiqué, te di por profeta a las naciones" (Jeremías 1:5).
2. "Pero la unción que vosotros recibisteis de él permanece en vosotros, y no tenéis necesidad de que nadie os enseñe; así como la unción misma os enseña todas las cosas, y es verdadera, y no es mentira, según ella os ha enseñado, permaneced en él" (1 Juan 2:27).
3. "Y dije: No me acordaré más de él, ni hablaré más en su nombre; no obstante, había en mi corazón como un fuego ardiente metido en mis huesos; traté de sufrirlo, y no pude" (Jeremías 20:9).
4. "¿No le has cercado alrededor a él y a su casa y a todo lo que tiene? Al trabajo de sus manos has dado bendición; por tanto, sus bienes han aumentado sobre la tierra" (Job 1:10).
5. "Como todas las cosas que pertenecen a la vida y a la piedad nos han sido dadas por su divino poder, mediante el conocimiento de aquel que nos llamó por su gloria y excelencia" (2 Pedro 1:3).
6. "Y poderoso es Dios para hacer que abunde en vosotros toda gracia, a fin de que, teniendo siempre en todas las cosas todo lo suficiente, abundéis para toda buena obra" (2 Corintios 9:8).
7. "Mas la senda de los justos es como la luz de la aurora, que va en aumento hasta que el día es perfecto" (Proverbios 4:18).
8. "El Espíritu del Señor está sobre mí, por cuanto me ha ungido para dar buenas nuevas a los pobres; me ha enviado a sanar a los quebrantados de corazón; a pregonar libertad a los cautivos, y vista a los ciegos; a poner en libertad a los oprimidos" (Lucas 4:18).
9. "Bien, buen siervo y fiel; sobre poco has sido fiel, sobre mucho te pondré; entra en el gozo de tu señor" (Mateo 25:23).

18

El llamado de Dios

Padre, gracias porque aun antes de que ____________ naciera, ya tú la conocías y tenías un plan para su vida.[1] Tú has depositado tu unción sobre su vida.[2] Ahora te pido que avives en su corazón el llamado que tú tienes para su vida. Que sea como un fuego ardiente metido en sus huesos de tal forma que ella no lo pueda resistir.[3]

Yo declaro un vallado de protección sobre mi hija para que ningún hombre, mujer o enemigo arrebate lo que tú tienes guardado para ella.[4] Tú la estás equipando con todas las cosas que pertenecen a la vida y a la piedad y así pueda abundar en toda buena obra.[5]

Confirma tu llamado en su vida por tu Espíritu,[6] y que su camino sea como la luz de la aurora, que va en aumento mientras ella sigue su llamado.[7] Permite que multitudes de vidas sean tocadas por la unción que tú haces fluir a través de ella.[8] Que cuando ella llegue ante tu trono, tú puedas decir, "¡Bien, buen siervo y fiel!".[9] Amén.

La Palabra de Dios declara

1. “La mano de los diligentes señoreará; mas la negligencia será tributaria” (Proverbios 12:24).
2. “La mano negligente empobrece; mas la mano de los diligentes enriquece” (Proverbios 10:4).
3. “¿Has visto hombre solícito en su trabajo? Delante de los reyes estará; no estará delante de los de baja condición” (Proverbios 22:29).
4. “Someteos, pues, a Dios; resistid al diablo, y huirá de vosotros” (Santiago 4:7).
5. “...a fin de que no os hagáis perezosos, sino imitadores de aquellos que por la fe y la paciencia heredan las promesas” (Hebreos 6:12).
6. “Porque Dios es el que en vosotros produce así el querer como el hacer, por su buena voluntad” (Filipenses 2:13).
7. “Porque ciertamente hay fin, y tu esperanza no será cortada” (Proverbios 23:18).

19

Motivación

Padre celestial, llena a mi hijo con una motivación de vivir para ti. Haz que sea diligente en todo lo que él haga.[1] Gracias por tu Palabra que le enseña que la diligencia produce recompensas.[2] Tú harás que él pueda estar delante de hombres importantes por su fidelidad y trabajo competente.[3]

¡Ahora mismo, en el nombre de Jesús, yo reprendo la vagancia, apatía y complacencia de su vida! Yo rehúso a permitir que estas cosas se apoderen de mi hijo.[4]

Gracias por darle a _______________ la fe y paciencia para cumplir aquello para lo cual tú lo has llamado.[5] Produce en él el querer como el hacer, por tu buena voluntad.[6] Tu propósito producirá la esperanza de un futuro bendecido.[7] ¡En el nombre de Jesús!

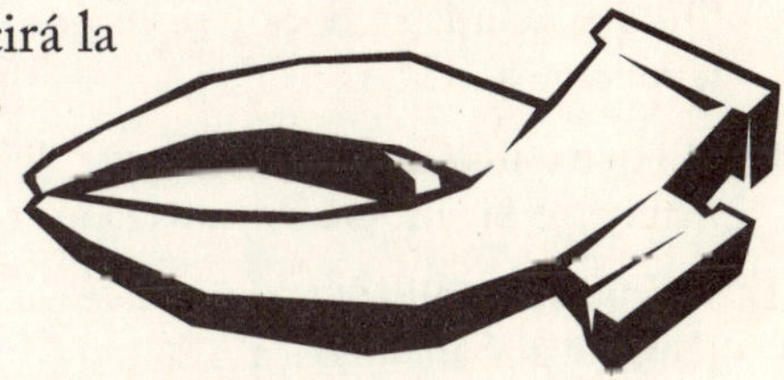

La Palabra de Dios declara

1. "Porque Dios es el que en vosotros produce así el querer como el hacer, por su buena voluntad" (Filipenses 2:13).
2. "Sean gratos los dichos de mi boca y la meditación de mi corazón delante de ti, oh Jehová, roca mía, y redentor mío" (Salmo 19:14).
3. "Por lo cual, desechando la mentira, hablad verdad cada uno con su prójimo; porque somos miembros los unos de los otros" (Efesios 4:25).
4. "La boca del justo habla sabiduría, y su lengua habla justicia" (Salmo 37:30).
5. "La gloria de tu reino digan, y hablen de tu poder" (Salmo 145:11).
6. "Bendeciré a Jehová en todo tiempo; su alabanza estará de continuo en mi boca" (Salmo 34:1).
7. "Por esto, mis amados hermanos, todo hombre sea pronto para oír, tardo para hablar, tardo para airarse" (Santiago 1:19).
8. "Pon guarda a mi boca, oh Jehová; guarda la puerta de mis labios" (Salmo 141:3).
9. "El que guarda su boca y su lengua, su alma guarda de angustias" (Proverbios 21:23).
10. "El que quiere amar la vida y ver días buenos, refrene su lengua de mal, y sus labios no hablen engaño" (1 Pedro 3:10).
11. "Como de meollo y de grosura será saciada mi alma, y con labios de júbilo te alabará mi boca" (Salmo 63:5).

20

Palabras de la boca

Amado Padre celestial, vengo ante tu presencia hoy a favor de _______________. Gracias por la obra que tú estás haciendo en su vida.[1] Tú esperas que los dichos de nuestras bocas sean gratos delante de ti.[2] Yo desato tu unción en la vida de ella para que sus palabras sean aceptables delante de ti. Que sólo la palabra buena y edificante salga de su boca.[3] Tú declaraste en tu Palabra que la boca del justo habla sabiduría.[4] Permite que su boca hable las alabanzas de Dios.[5] David dijo que tu alabanza estaría continuamente en su boca.[6] Deja que tus alabanzas también estén continuamente en la boca de mi hija.

Oro para que ella sea presta para oír, lenta para hablar, y lenta para airarse,[7] porque hay poder en nuestras palabras. Gracias, Señor, porque tú has puesto guarda en su boca.[8] Ayúdala a cuidar sus palabras y evitar problemas.[9] Ella amará la vida y verá días buenos porque ella refrena su lengua del mal.[10]

¡Ahora mismo, Señor, yo declaro que la boca de mi hija te alabará con labios de júbilo![11] ¡En el nombre de Jesús!

La Palabra de Dios declara

1. "...mayor que nuestro corazón es Dios, y él sabe todas las cosas" (1 Juan 3:20).
2. "Y la paz de Dios, que sobrepasa todo entendimiento, guardará vuestros corazones y vuestros pensamientos en Cristo Jesús" (Filipenses 4:7).
3. "Y el Dios de esperanza os llene de todo gozo y paz en el creer, para que abundéis en esperanza por el poder del Espíritu Santo" (Romanos 15:13).
4. "...enseñándonos que, renunciando a la impiedad y a los deseos mundanos, vivamos en este siglo sobria, justa y piadosamente" (Tito 2:12).
5. "Porque ¿quién conoció la mente del Señor? ¿Quién le instruirá? Mas nosotros tenemos la mente de Cristo" (1 Corintios 2:16).
6. "Tú guardarás en completa paz a aquel cuyo pensamiento en ti persevera; porque en ti ha confiado" (Isaías 26:3).
7. "Y sabemos que a los que aman a Dios, todas las cosas les ayudan a bien, esto es, a los que conforme a su propósito son llamados" (Romanos 8:28).

21

Paz

Padre celestial, tú conoces cada circunstancia por la que atraviesa mi hijo y cada prueba que enfrenta.[1] Llena a _______________ con tu paz—la paz de Dios que sobrepasa todo entendimiento. Gracias, Señor, por no sólo llenar a mi hijo con tu paz, sino por guardar su corazón con esa paz.[2] ¡Tu promesa de gozo y paz hará que él abunde en esperanza por el poder del Espíritu Santo![3]

Padre, ¡equípalo con el poder para decir 'no' a la impiedad y a las cosas que no son tuyas![4] ¡Yo declaro ahora mismo en el nombre de Jesús que _______________ tiene la mente de Cristo![5] Guárdalo en completa paz porque su pensamiento persevera en ti.[6]

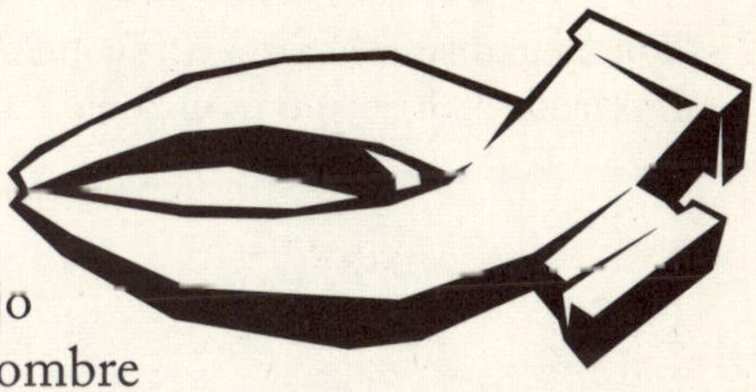

Gracias, Padre, porque todas las cosas ayudan a bien, no importa cuáles situaciones mi hijo pueda enfrentar.[7] En el nombre de Jesús.

La Palabra de Dios declara

1. "El que habita al abrigo del Altísimo morará bajo la sombra del Omnipotente" (Salmo 91:1).
2. "No te sobrevendrá mal, ni plaga tocará tu morada. Pues a sus ángeles mandará acerca de ti, que te guarden en todos tus caminos" (Salmo 91:10-11).
3. "El ángel de Jehová acampa alrededor de los que le temen, y los defiende" (Salmo 34:7).
4. "...que sois guardados por el poder de Dios mediante la fe, para alcanzar la salvación que está preparada para ser manifestada en el tiempo postrero" (1 Pedro 1:5).
5. "Entonces andarás por tu camino confiadamente, y tu pie no tropezará" (Proverbios 3:23).
6. "Tú guardarás en completa paz a aquel cuyo pensamiento en ti persevera; porque en ti ha confiado" (Isaías 26:3).
7. "Caerán a tu lado mil, y diez mil a tu diestra; mas a ti no llegará" (Salmo 91:7).
8. "Por cuanto en mí ha puesto su amor, yo también lo libraré; le pondré en alto, por cuanto ha conocido mi nombre" (Salmo 91:14).

22
Protección divina

Padre celestial, te agradezco porque eres refugio y castillo para mi hija. Ella mora bajo tu sombra[1] y ningún mal le sobrevendrá, ningún accidente la alcanzará, y ninguna plaga tocará nuestra morada. Tú ordenas a tus ángeles que estén cerca de ella, guardándola en todos sus caminos.[2] Tus ángeles acampan alrededor de ella y la libran de cualquier circunstancia.[3]

Yo pongo mi fe en tu Palabra de protección sobre _______________ por el poder de Dios.[4] Tú has prometido que mi hija andará en su camino confiadamente, y su pie no tropezará.[5] Tú la guardarás en completa paz, porque su pensamiento persevera en ti.[6] ¡Ella confía en el escudo de fe que tú le has puesto! Aunque caigan a su lado mil y dicz mil a su diestra, ella no temerá porque el problema no se acercará.[7] Tú la libras y la proteges simplemente porque ella te ama.[8] ¡En el nombre de Jesús, amén!

La Palabra de Dios declara

1. "Y a unos puso Dios en la iglesia, primeramente apóstoles, luego profetas, lo tercero maestros, luego los que hacen milagros, después los que sanan, los que ayudan, los que administran, los que tienen don de lenguas" (1 Corintios 12:28).
2. "El principio de la sabiduría es el temor de Jehová; los insensatos desprecian la sabiduría y la enseñanza" (Proverbios 1:7).
3. "Bienaventurados aquellos siervos a los cuales su señor, cuando venga, halle velando; de cierto os digo que se ceñirá, y hará que se sienten a la mesa, y vendrá a servirles" (Lucas 12:37).
4. "Porque tú, oh Jehová, bendecirás al justo; como con un escudo lo rodearás de tu favor" (Salmo 5:12).
5. "Y Jehová me respondió, y dijo: Escribe la visión, y declárala en tablas, para que corra el que leyere en ella" (Habacuc 2:2).
6. "Oye, hijo mío, y recibe mis razones, y se te multiplicarán años de vida" (Proverbios 4:10).

23

Relaciones pastorales

Padre celestial, gracias por traer al Pastor __________ a la vida de mi hijo. Oro que mi hijo madurará bajo su liderazgo, porque tú has escogido líderes sobre nosotros para equiparnos y enseñarnos.[1] Permite que él se mantenga aprendiendo, porque tu Palabra declara que los insensatos rechazan la enseñanza.[2] Haz que ____________ respete a sus líderes y así él pueda ser de bendición a la iglesia.

Gracias por poner un corazón de siervo en él, porque tú has pronunciado una bendición sobre los siervos del Señor.[3] Te pido que continúes rodeándolo con el escudo de favor[4] y que extiendas ese favor a su pastor y la relación que comparten. Gracias por la visión que le has dado a nuestro pastor, e impártela también en el corazón de mi hijo.[5]

Padre, yo te pido que continúes dándole a mi hijo buena voluntad para recibir de sus líderes, y así sus años de vida se multipliquen mientras recibe tus razones.[6] ¡Gracias, Padre, por permitir que mi hijo sea una bendición a la iglesia y al Reino de Dios! Amén.

La Palabra de Dios declara

1. "Porque un niño nos es nacido, hijo nos es dado, y el principado sobre su hombro; y se llamará su nombre Admirable, Consejero, Dios Fuerte, Padre Eterno, Príncipe de Paz" (Isaías 9:6).
2. "Y la paz de Dios, que sobrepasa todo entendimiento, guardará vuestros corazones y vuestros pensamientos en Cristo Jesús" (Filipenses 4:7).
3. "Y tomad el yelmo de la salvación, y la espada del Espíritu, que es la palabra de Dios" (Efesios 6:17).
4. "...derribando argumentos y toda altivez que se levanta contra el conocimiento de Dios, y llevando cautivo todo pensamiento a la obediencia a Cristo" (2 Corintios 10:5).
5. "Y renovaos en el espíritu de vuestra mente" (Efesios 4:23).
6. "Por lo demás, hermanos, todo lo que es verdadero, todo lo honesto, todo lo justo, todo lo puro, todo lo amable, todo lo que es de buen nombre; si hay virtud alguna, si algo digno de alabanza, en esto pensad" (Filipenses 4:8).
7. "Y amarás al Señor tu Dios con todo tu corazón, y con toda tu alma, y con toda tu mente y con todas tus fuerzas" (Marcos 12:30).
8. "Porque no nos ha dado Dios espíritu de cobardía, sino de poder, de amor y de dominio propio" (2 Timoteo 1:7).

24
Renovación de la mente

Padre celestial, te alabo porque Jesús es el Príncipe de Paz[1] y por eso tu paz guardará el corazón y el pensamiento de mi hija en Cristo Jesús.[2] Gracias por el yelmo de la salvación que guarda la mente de ______________.[3] Sé que tú removerás su vieja manera de pensar y cualquier pensamiento que no te agrade a ti. Ayúdala a llevar todo pensamiento cautivo a la obediencia de Cristo.[4] ¡Declaro que tu Palabra renueve cada área de su actitud,[5] para que así pueda pensar en las cosas que son verdaderas, honestas, justas, puras, amables, de buen nombre, de virtud y alabanza![6]

Padre, conmueve su corazón para que te ame a ti con toda su alma, con toda su mente y con todas sus fuerzas.[7] Te doy gracias porque tu Espíritu renueva la mente de mi hija y mantiene puro su pensamiento y tu bendición descansa en cada área de su vida.[8] ¡En el nombre de Jesús!

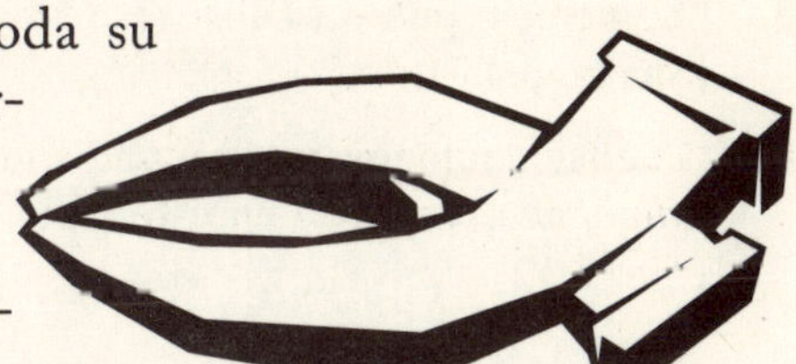

La Palabra de Dios declara

1. "Dios es nuestro amparo y fortaleza, nuestro pronto auxilio en las tribulaciones" (Salmo 46:1).
2. "Jehová, roca mía y castillo mío, y mi libertador; Dios mío, fortaleza mía, en él confiaré; mi escudo, y la fuerza de mi salvación, mi alto refugio" (Salmo 18:2).
3. "Comeréis hasta saciaros, y alabaréis el nombre de Jehová vuestro Dios, el cual hizo maravillas con vosotros; y nunca jamás será mi pueblo avergonzado" (Joel 2:26).
4. "No os ha sobrevenido ninguna tentación que no sea humana; pero fiel es Dios, que no os dejará ser tentados más de lo que podéis resistir, sino que dará también juntamente con la tentación la salida, para que podáis soportar" (1 Corintios 10:13).
5. "Así que, si el Hijo os libertare, seréis verdaderamente libres" (Juan 8:36).
6. "Porque la ley del Espíritu de vida en Cristo Jesús me ha librado de la ley del pecado y de la muerte" (Romanos 8:2).
7. "Someteos, pues, a Dios; resistid al diablo, y huirá de vosotros" (Santiago 4:7).
8. "...enseñándonos que, renunciando a la impiedad y a los deseos mundanos, vivamos en este siglo sobria, justa y piadosamente" (Tito 2:12).

25

Resistir la tentación

Padre celestial, te alabo por tu bondad. ¡Tú eres nuestro amparo y fortaleza, nuestro pronto auxilio en las tribulaciones![1] Tú eres nuestro libertador, nuestro castillo y nuestra roca.[2] Pongo mi completa confianza en ti y nunca seré avergonzada.[3] Agradecemos que en cualquier tentación tú eres el único que provees la salida.[4] Tú has dado verdadera libertad a mi hijo.[5] Te alabo porque ahora mi hijo ha sido libre de tentación y pecado. Gracias, Jesús, por darle el poder sobre el pecado y la muerte.[6]

Padre, tú has prometido que si resistimos al diablo, él huirá de nosotros.[7] Gracias por darle a ________________ la fortaleza para resistir la tentación. Tu Palabra nos enseña que renunciemos a la impiedad y los deseos mundanos y vivamos sobria, justa y piadosamente en esta era presente.[8] ¡Gracias, Señor, por darle a mi hijo una completa y total victoria! Amén.

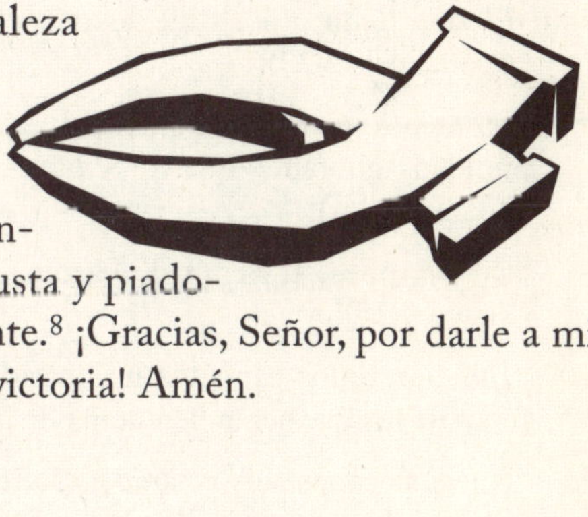

La Palabra de Dios declara

1. "Porque dice: En tiempo aceptable te he oído, y en día de salvación te he socorrido. He aquí ahora el tiempo aceptable; he aquí ahora el día de salvación" (2 Corintios 6:2).
2. "Ellos dijeron: Cree en el Señor Jesucristo, y serás salvo, tú y tu casa" (Hechos 16:31).
3. "Por tanto, os digo que todo lo que pidiereis orando, creed que lo recibiréis, y os vendrá" (Marcos 11:24).
4. "Acontecerá en aquel tiempo que su carga será quitada de tu hombro, y su yugo de tu cerviz, y el yugo se pudrirá a causa de la unción" (Isaías 10:27).
5. "...en los cuales el dios de este siglo cegó el entendimiento de los incrédulos, para que no les resplandezca la luz del evangelio de la gloria de Cristo, el cual es la imagen de Dios" (2 Corintios 4:4).
6. "...alumbrando los ojos de vuestro entendimiento, para que sepáis cuál es la esperanza a que él os ha llamado, y cuáles las riquezas de la gloria de su herencia en los santos" (Efesios 1:18).
7. "El que tiene oído, oiga lo que el Espíritu dice a las iglesias" (Apocalipsis 2:29).
8. "¿O menosprecias las riquezas de su benignidad, paciencia y longanimidad, ignorando que su benignidad te guía al arrepentimiento?" (Romanos 2:4).
9. "Rogad, pues, al Señor de la mies, que envíe obreros a su mies" (Mateo 9:38).
10. "¿No son todos espíritus ministradores, enviados para servicio a favor de los que serán herederos de la salvación?" (Hebreos 1:14).
11. "Nuestras cartas sois vosotros, escritas en nuestros corazones, conocidas y leídas por todos los hombres" (2 Corintios 3:2).

26

SALVACIÓN

Padre celestial, gracias porque hoy es el día de salvación.[1] Sé que tú amas mi familia y tu Espíritu está obrando en ellos para salvación.[2] Por tanto, te agradezco por lo que haces en ____________, y te alabo por su salvación ahora mismo.[3]

Desato tu unción para romper cualquier obstáculo que trate de impedir que reciba a Jesús como su Salvador.[4] Vengo contra toda obstrucción que haya distorsionado la verdad del evangelio.[5] Gracias porque los ojos de su entendimiento están siendo develados,[6] y sus oídos están siendo abiertos a tu Palabra.[7] Mientras tú revelas tu benignidad a él, lo irás guiando al arrepentimiento.[8]

Padre, envía obreros en este día para que le ministren tu Palabra.[9] Te doy gracias por tus ángeles que también le estarán ministrando durante el día, acercándolo más a Jesús, porque él es heredero de la salvación.[10]

Ayúdame a ser el ejemplo que tú me has llamado a ser para mi hijo, y que él pueda ver a Jesús en mi vida.[11] Amén.

La Palabra de Dios declara

1. "Y antes que clamen, responderé yo; mientras aún hablan, yo habré oído" (Isaías 65:24).
2. "Dios envió mensaje a los hijos de Israel, anunciando el evangelio de la paz por medio de Jesucristo; éste es Señor de todos" (Hechos 10:36).
3. "¿Con qué limpiará el joven su camino? Con guardar tu palabra" (Salmo 119:9).
4. "Y al momento le cayeron de los ojos como escamas, y recibió al instante la vista; y levantándose, fue bautizado" (Hechos 9:18).
5. "Si algo pidiereis en mi nombre, yo lo haré" (Juan 14:14).
6. "Y tras el terremoto un fuego; pero Jehová no estaba en el fuego. Y tras el fuego un silbo apacible y delicado" (1 Reyes 19:12).
7. "El deseo de los humildes oíste, oh Jehová; tú dispones su corazón, y haces atento tu oído" (Salmo 10:17).
8. "Y les daré un corazón, y un espíritu nuevo pondré dentro de ellos; y quitaré el corazón de piedra de en medio de su carne, y les daré un corazón de carne" (Ezequiel 11:19).
9. "Os daré corazón nuevo, y pondré espíritu nuevo dentro de vosotros; y quitaré de vuestra carne el corazón de piedra, y os daré un corazón de carne" (Ezequiel 36:26).
10. "Y por haberse multiplicado la maldad, el amor de muchos se enfriará" (Mateo 24:12).

27

El señorío de Cristo

Padre celestial, clamo a ti ahora mismo en el nombre de Jesús por _____________, sabiendo que tú me responderás.[1] Tú conoces el corazón de mi hija, y tú anhelas ser el Señor en la vida de ella.[2] Haz que su corazón sea receptivo a tu Espíritu y a tu Palabra.[3] Gracias por quitar la ceguera de sus ojos[4] y revelarte a ella.

Porque tu Palabra declara que podemos recibir cualquier cosa que pidamos en tu nombre,[5] te pido en el nombre de tu Hijo, Jesús, que llenes a _____________ con tu presencia.

Permite que mi hija oiga tu voz a medida que tú le hablas a ella en tu silbo apacible y delicado.[6] Dispón en ella un oído atento a escuchar.[7] Que su corazón nunca se torne duro,[8] y su amor nunca se enfríe.[9] Gracias, Jesús, por ser el Señor en cada área de la vida de _________. No sólo eres su Salvador, ¡sino su Señor! Amén.

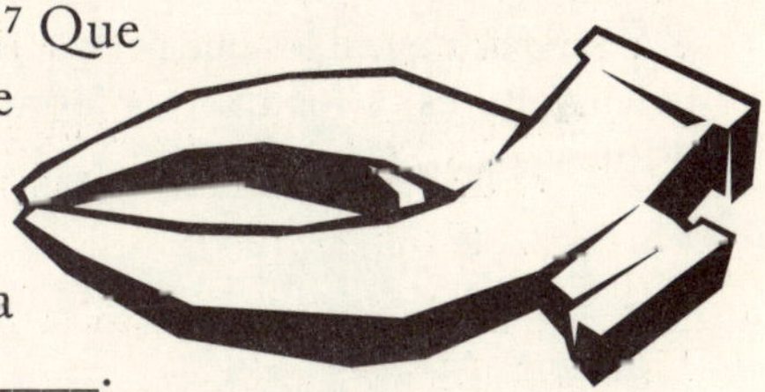

La Palabra de Dios declara

1. "...gozosos en la esperanza; sufridos en la tribulación; constantes en la oración" (Romanos 12:12).
2. "Así que, arrepentíos y convertíos, para que sean borrados vuestros pecados; para que vengan de la presencia del Señor tiempos de refrigerio" (Hechos 3:19).
3. "Confesaos vuestras ofensas unos a otros, y orad unos por otros, para que seáis sanados. La oración eficaz del justo puede mucho" (Santiago 5:16).
4. "Si algo pidiereis en mi nombre, yo lo haré" (Juan 14:14).
5. "...echando toda vuestra ansiedad sobre él, porque él tiene cuidado de vosotros" (1 Pedro 5:7).
6. "Jehová está lejos de los impíos; pero él oye la oración de los justos" (Proverbios 15:29).
7. "Y a Aquel que es poderoso para hacer todas las cosas mucho más abundantemente de lo que pedimos o entendemos, según el poder que actúa en nosotros" (Efesios 3:20).
8. "Y sabemos que a los que aman a Dios, todas las cosas les ayudan a bien, esto es, a los que conforme a su propósito son llamados" (Romanos 8:28).

28

Vida de oración

Padre celestial, aumenta el deseo de mi hijo de tener comunión contigo. Hazte tan real en su vida de tal manera que sienta tu presencia, que anhele tener comunión contigo todo el día y sea insistente en la oración.[1] Haz que el tiempo contigo se convierta en su prioridad número uno. Que descubra que el tiempo que pase contigo sea uno de refrigerio a su espíritu.[2]

Tu Palabra declara que la oración eficaz del justo puede mucho.[3] Cuando pedimos algo en tu nombre, tú lo harás[4] porque tú tienes cuidado de nosotros.[5] Te pido con fe que ____________ irá a ti en oración, sabiendo que cualquier cosa que pidiere tú escucharás y responderás.[6] Mientras él ora y cree, permítele ver tu poder en acción cambiando las circunstancias a su alrededor—mucho más abundantemente de lo que él pueda pedir o entender.[7] Obra en todas las cosas para su bien.[8] En el nombre de Jesús.

LA PALABRA DE DIOS DECLARA

1. "Te dé conforme al deseo de tu corazón, y cumpla todo tu consejo" (Salmo 20:4).
2. "Muéstrame, oh Jehová, tus caminos; enséñame tus sendas" (Salmo 25:4).
3. "Si se humillare mi pueblo, sobre el cual mi nombre es invocado, y oraren, y buscaren mi rostro, y se convirtieren de sus malos caminos; entonces yo oiré desde los cielos, y perdonaré sus pecados, y sanaré su tierra" (2 Crónicas 7:14).
4. "Porque has librado mi alma de la muerte, y mis pies de caída, para que ande delante de Dios en la luz de los que viven" (Salmo 56:13).
5. "Vuelve, oh alma mía, a tu reposo, porque Jehová te ha hecho bien" (Salmo 116:7).
6. "Porque siete veces cae el justo, y vuelve a levantarse; mas los impíos caerán en el mal" (Proverbios 24:16).
7. "Y sabemos que a los que aman a Dios, todas las cosas les ayudan a bien, esto es, a los que conforme a su propósito son llamados" (Romanos 8:28).
8. "Antes, en todas estas cosas somos más que vencedores por medio de aquel que nos amó" (Romanos 8:37).

29

La voluntad de Dios

Padre celestial, muestra a ________________ la dirección y el propósito que tú tienes para su vida.[1] Muéstrale tus caminos y tu voluntad para su vida, enséñale a andar en tus sendas.[2] Haz que se humille ante ti, que tenga un gran deseo de buscar tu rostro y se convierta de su mal camino.[3] ¡Los planes y propósitos que tú tienes para mi hija son grandes!

Mantenla en el buen camino. Guarda sus pies de caída.[4] Permítele caminar en tu perfecta voluntad, y mantenerse reposando en ti.[5] Aunque caiga, te doy gracias por el poder que tú le das para levantarse una vez más.[6] Padre, yo sé que tú estás obrando para su bien no importa lo que pueda venir en su camino.[7] Ayúdala a caminar en tu voluntad confiadamente, reconociendo que ella es más que vencedora con tu ayuda.[8] En el nombre de Jesús.

SECCIÓN II

ORACIONES QUE ROMPEN ATADURAS

La Palabra de Dios declara

1. "Vosotros pensasteis mal contra mí, mas Dios lo encaminó a bien, para hacer lo que vemos hoy, para mantener en vida a mucho pueblo" (Génesis 50:20).
2. "Si algo pidiereis en mi nombre, yo lo haré" (Juan 14:14).
3. "Y al momento le cayeron de los ojos como escamas, y recibió al instante la vista; y levantándose, fue bautizado" (Hechos 9:18).
4. "Pues a sus ángeles mandará acerca de ti, que te guarden en todos tus caminos" (Salmo 91:11).
5. "Y sabemos que a los que aman a Dios, todas las cosas les ayudan a bien, esto es, a los que conforme a su propósito son llamados" (Romanos 8:28).
6. "Porque como el Padre levanta a los muertos, y les da vida, así también el Hijo a los que quiere da vida" (Juan 5:21).

30

Aborto (Contemplando alguno)

Querido Padre celestial, te alabo porque tú puedes tomar el mal que desea el enemigo y convertirlo en bien.[1] Padre, tú dijiste que si pido cualquier cosa de acuerdo a tu Palabra, lo harás,[2] y por ello te pido que te ocupes de______________. Está pensando en hacerse un aborto, y oro, Señor, porque tú, por medio de tu Espíritu, la detengas. Despiértala, Señor, y quítale la venda de los ojos.[3] Tú eres el único que puedes hacerlo. Satanás, ahora mismo en el nombre de Jesucristo te ordeno quitar tus manos de mi hija. ¡Suéltala ya! Ella le pertenece a Jesús.

Gracias, Señor, por hacer que ella vea el efecto que tendría esto sobre sí misma y sobre el niño que hoy está en su vientre. Te pido que protejas y nutras al precioso bebé que hay dentro de ella.[4] Gracias por hacer que todo obre para bien para quienes te aman.[5] Te alabo por acercarte a ella, ayudándola a no elegir el aborto y a preferir dejar que su bebé viva, porque tú eres el dador de la vida.[6] Amén.

La Palabra de Dios declara

1. "El sana a los quebrantados de corazón, y venda sus heridas" (Salmo 147:3).
2. "Si confesamos nuestros pecados, él es fiel y justo para perdonar nuestros pecados, y limpiarnos de toda maldad" (1 Juan 1:9).
3. "Crea en mí, oh Dios, un corazón limpio, y renueva un espíritu recto dentro de mí. No me eches de delante de ti, y no quites de mí tu santo Espíritu. Vuélveme el gozo de tu salvación, y espíritu noble me sustente" (Salmo 51:10-12).
4. "Y la paz de Dios, que sobrepasa todo entendimiento, guardará vuestros corazones y vuestros pensamientos en Cristo Jesús" (Filipenses 4:7).
5. "No os acordéis de las cosas pasadas, ni traigáis a memoria las cosas antiguas. He aquí que yo hago cosa nueva; pronto saldrá a luz; ¿no la conoceréis? Otra vez abriré camino en el desierto, y ríos en la soledad" (Isaías 43:18-19).
6. "Hermanos, yo mismo no pretendo haberlo ya alcanzado; pero una cosa hago: olvidando ciertamente lo que queda atrás, y extendiéndome a lo que está delante, prosigo a la meta, al premio del supremo llamamiento de Dios en Cristo Jesús" (Filipenses 3:13-14).
7. "Con cuerdas humanas los atraje, con cuerdas de amor; y fui para ellos como los que alzan el yugo de sobre su cerviz, y puse delante de ellos la comida" (Oseas 11:4).

31

Aborto (Hecho alguno)

Querido Padre celestial, alzo mi hija hacia tus brazos. Declaraste en tu Palabra que tú sanas a los quebrantados de corazón.[1] Por favor sana su corazón. Abrázala, envolviéndola con tus brazos de amor. Gracias, Señor, por ser un Dios de perdón. Gracias por ser tan fiel y por perdonar nuestros pecados lavándonos de toda impiedad.[2] Limpia a mi hija. Crea en ella un corazón puro y limpio. No la arrojes de tu presencia, y renueva en ella un espíritu recto. Restituye el gozo de tu salvación en su vida.[3]

Padre, llénala con tu paz que sobrepasa todo entendimiento.[4] Gracias, Señor, porque estás haciendo una nueva obra en su vida.[5] Oro porque no se ahogue en la autocompasión, sino que olvide el pasado, y avance hacia delante.[6]

Gracias, Señor, por darle a mi hija otra oportunidad, porque tú eres el Dios de amor incondicional.[7] Gracias, Señor, por ser su sanador. Pronuncio total restauración sobre _______________ ahora mismo. ¡En el nombre de Jesús!

La Palabra de Dios declara

1. "[Dios, el Padre] el cual nos ha librado de la potestad de las tinieblas, y trasladado al reino de su amado Hijo" (Colosenses 1:13).
2. "Oh Jehová, tú me has examinado y conocido. Tú has conocido mi sentarme y mi levantarme; has entendido desde lejos mis pensamientos. Has escudriñado mi andar y mi reposo, y todos mis caminos te son conocidos" (Salmo 139:1-3).
3. "Pero Dios, que es rico en misericordia, por su gran amor con que nos amó, aun estando nosotros muertos en pecados, nos dio vida juntamente con Cristo (por gracia sois salvos)" (Efesios 2:4-5).
4. "Venid a mí todos los que estáis trabajados y cargados, y yo os haré descansar" (Mateo 11:28).
5. "El sana a los quebrantados de corazón, y venda sus heridas" (Salmo 147:3).
6. "Y la paz de Dios, que sobrepasa todo entendimiento, guardará vuestros corazones y vuestros pensamientos en Cristo Jesús" (Filipenses 4:7).
7. "Confiad en Jehová perpetuamente, porque en Jehová el Señor está la fortaleza de los siglos" (Isaías 26:4).
8. "Echando toda vuestra ansiedad sobre él, porque él tiene cuidado de vosotros" (1 Pedro 5:7).
9. "Jehová está lejos de los impíos; pero él oye la oración de los justos" (Proverbios 15:29).
10. "Porque yo sé los pensamientos que tengo acerca de vosotros, dice Jehová, pensamientos de paz, y no de mal, para daros el fin que esperáis" (Jeremías 29:11).

32

Abuso

Padre, ahora mismo rompo todo vínculo impío del pasado y te agradezco por liberar a ____________ de toda manipulación.[1] Padre, tú sabes por lo que ha pasado mi hijo. Has sentido su dolor y has visto sus lágrimas.[2] Por favor, envuélvelo en tus brazos de aceptación ahora. Rodéalo con tu amor –una clase de amor que sólo proviene de ti.[3]

Padre, tú declaraste que viniéramos a ti los que estamos cansados, que tú nos harías descansar.[4] Así que hoy vengo, pidiendo descanso para mi hijo. Sana su quebrantado corazón.[5] Llénalo con tu paz que sobrepasa todo entendimiento.[6] Que tu virtud sanadora y tu poder llenen su mente, sanando sus emociones. Gracias por ser su eterna fortaleza.[7] Padre, pongo ante ti mis asuntos porque tú nos amas.[8] Gracias por oír y responder a mi oración.[9] Gracias por restaurar a mi hijo y por darle una visión para su futuro.[10] En el nombre de Jesús.

LA PALABRA DE DIOS DECLARA

1. "Nuevas son cada mañana; grande es tu fidelidad" (Lamentaciones 3:23).
2. "...a fin de que, arraigados y cimentados en amor, seáis plenamente capaces de comprender con todos los santos cuál sea la anchura, la longitud, la profundidad y la altura" (Efesios 3:17-18).
3. "Porque si perdonáis a los hombres sus ofensas, os perdonará también a vosotros vuestro Padre celestial" (Mateo 6:14).
4. "Bienaventurados los misericordiosos, porque ellos alcanzarán misericordia" (Mateo 5:7).
5. "Bendito sea el Dios y Padre de nuestro Señor Jesucristo, Padre de misericordias y Dios de toda consolación, el cual nos consuela en todas nuestras tribulaciones, para que podamos también nosotros consolar a los que están en cualquier tribulación, por medio de la consolación con que nosotros somos consolados por Dios" (2 Corintios 1:3-4).
6. "Entonces oí una gran voz en el cielo, que decía: Ahora ha venido la salvación, el poder, y el reino de nuestro Dios, y la autoridad de su Cristo; porque ha sido lanzado fuera el acusador de nuestros hermanos, el que los acusaba delante de nuestro Dios día y noche" (Apocalipsis 12:10).
7. "Os daré corazón nuevo, y pondré espíritu nuevo dentro de vosotros; y quitaré de vuestra carne el corazón de piedra, y os daré un corazón de carne" (Ezequiel 36:26).
8. "Y Jehová me respondió, y dijo: Escribe la visión, y declárala en tablas, para que corra el que leyere en ella" (Habacuc 2:2).
9. "Bienaventurado el varón que no anduvo en consejo de malos, ni estuvo en camino de pecadores, ni en silla de escarnecedores se ha sentado" (Salmo 1:1).
10. "Vestíos, pues, como escogidos de Dios, santos y amados, de entrañable misericordia, de benignidad, de humildad, de mansedumbre, de paciencia" (Colosenses 3:12).

33

ACTITUDES DE JUICIO

Padre celestial, gracias por el completo perdón y la misericordia que vuelves a mostrarnos cada mañana.[1] Oro porque ____________ llegue al entendimiento de cuán alto, profundo y ancho es tu amor,[2] para que a su vez pueda mostrar misericordia hacia los demás.[3] Al sembrar misericordia, cosechará misericordia.[4]

Tomo autoridad sobre el espíritu de juicio y crítica en mi hija ahora mismo y libero tu naturaleza y carácter como Padre de compasión para que tomen control de ella.[5] Mi hija no se parece al diablo, que no es más que un acusador.[6] Elimina su crítico y duro corazón y reemplázalo con un corazón de carne.[7] Pido que llegue a estar tan ocupada yendo tras su visión[8] que no tenga tiempo de ocupar el lugar de una juez.[9] Gracias por vestir a mi hija de entrañable misericordia, de benignidad, de humildad, de mansedumbre, y de paciencia.[10] Amén.

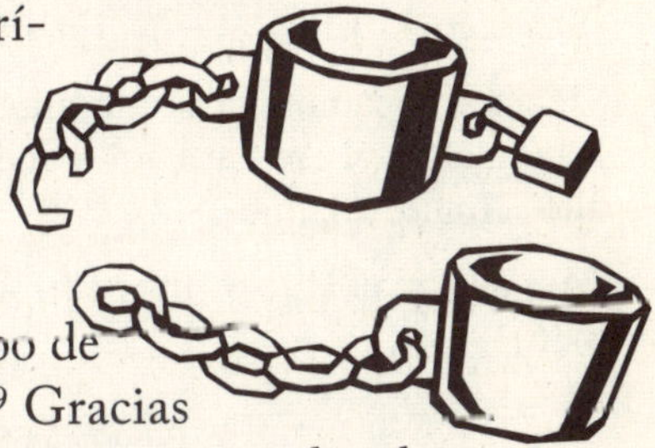

La Palabra de Dios declara

1. "Así será mi palabra que sale de mi boca; no volverá a mí vacía, sino que hará lo que yo quiero, y será prosperada en aquello para que la envié" (Isaías 55:11).
2. "He aquí os doy potestad de hollar serpientes y escorpiones, y sobre toda fuerza del enemigo, y nada os dañará" (Lucas 10:19).
3. "Y conoceréis la verdad, y la verdad os hará libres" (Juan 8:32).
4. "Ninguna arma forjada contra ti prosperará, y condenarás toda lengua que se levante contra ti en juicio. Esta es la herencia de los siervos de Jehová, y su salvación de mí vendrá, dijo Jehová" (Isaías 54:17).
5. "Sobre todo, tomad el escudo de la fe, con que podáis apagar todos los dardos de fuego del maligno" (Efesios 6:16).
6. "Digo, pues: Andad en el Espíritu, y no satisfagáis los deseos de la carne" (Gálatas 5:16).
7. "Someteos, pues, a Dios; resistid al diablo, y huirá de vosotros" (Santiago 4:7).
8. "Jehová, roca mía y castillo mío, y mi libertador; Dios mío, fortaleza mía, en él confiaré; mi escudo, y la fuerza de mi salvación, mi alto refugio" (Salmo 18:2).
9. "Así que, si el Hijo os libertare, seréis verdaderamente libres" (Juan 8:36).

34

Adicción

Padre celestial, tu Palabra nunca retorna vacía; logrará lo que tú desees que logre.[1] Tú me has dado toda autoridad sobre el enemigo en la vida de mi hijo, y ordeno a todo poder de adicción que se aparte de la vida de mi hijo.[2] Las adicciones no tendrán dominio sobre __________. Te alabo porque la verdad lo está liberando.[3] Mi hijo está libre del yugo de la adicción y ninguna de las armas que se forjen en su contra prosperará.[4] Todo dardo de adicción será frustrado en su vida gracias al escudo impenetrable de la fe.[5] Pon un cerco de protección a su alrededor, protegiéndolo de toda persona, lugar o cosa que lo tienten a caer.

Confieso que mi hijo vivirá por el Espíritu y que no gratificará los deseos de naturaleza pecaminosa.[6] Otórgale la fuerza para resistir al diablo, de manera que él tenga que huir.[7] Tú solamente eres su roca, su rescatador, su defensa y fortaleza.[8] Te alabo porque ________________está completa y totalmente libre del poder de la adicción[9] gracias a su libertad en Cristo. Amén.

La Palabra de Dios declara

1. "Os daré corazón nuevo, y pondré espíritu nuevo dentro de vosotros; y quitaré de vuestra carne el corazón de piedra, y os daré un corazón de carne" (Ezequiel 36:26).
2. "Mirad bien, no sea que alguno deje de alcanzar la gracia de Dios; que brotando alguna raíz de amargura, os estorbe, y por ella muchos sean contaminados" (Hebreos 12:15).
3. "Antes sed benignos unos con otros, misericordiosos, perdonándoos unos a otros, como Dios también os perdonó a vosotros en Cristo" (Efesios 4:32).
4. "Vestíos, pues, como escogidos de Dios, santos y amados, de entrañable misericordia, de benignidad, de humildad, de mansedumbre, de paciencia; soportándoos unos a otros, y perdonándoos unos a otros si alguno tuviere queja contra otro. De la manera que Cristo os perdonó, así también hacedlo vosotros. Y sobre todas estas cosas vestíos de amor, que es el vínculo perfecto. Y la paz de Dios gobierne en vuestros corazones, a la que asimismo fuisteis llamados en un solo cuerpo; y sed agradecidos. La palabra de Cristo more en abundancia en vosotros, enseñándoos y exhortándoos unos a otros en toda sabiduría, cantando con gracia en vuestros corazones al Señor con salmos e himnos y cánticos espirituales. Y todo lo que hacéis, sea de palabra o de hecho, hacedlo todo en el nombre del Señor Jesús, dando gracias a Dios Padre por medio de él" (Colosenses 3:12-17).
5. "El amor es sufrido, es benigno; el amor no tiene envidia, el amor no es jactancioso, no se envanece; no hace nada indebido, no busca lo suyo, no se irrita, no guarda rencor; no se goza de la injusticia, mas se goza de la verdad. Todo lo sufre, todo lo cree, todo lo espera, todo lo soporta. El amor nunca deja de ser; pero las profecías se acabarán, y cesarán las lenguas, y la ciencia acabará" (1 Corintios 13:4-8).

35

AMARGURA

Padre celestial, te alabo por la unción del Espíritu Santo que libera por completo a mi hija de toda amargura en su vida. Renueva el corazón de piedra de __________ que la ha mantenido esclava de la amargura, y reemplázalo con un corazón de carne.[1] Entonces no dejará de encontrar tus bendiciones, porque la amargura no podrá echar raíz en su corazón.[2] Haz que sea bondadosa con los demás, tierna y pronta a perdonar, así como tú la has perdonado porque pertenece a Cristo.[3]

Que la paz que proviene de Cristo siempre esté presente en el corazón y la vida de mi hija. Haz que recuerde las cosas que Cristo enseñó, y que esas palabras enriquezcan su vida y le den sabiduría[4] protegiendo su corazón contra toda raíz de amargura.

Gracias porque tu amor en ella es paciente y amable. No se enoja con facilidad, y no guarda rencores. Tu amor ha sido derramado sobre el corazón de mi hija, y es poderoso. Nunca falla.[5] Amén.

La Palabra de Dios declara

1. "Echando toda vuestra ansiedad sobre él, porque él tiene cuidado de vosotros" (1 Pedro 5:7).
2. "Venid a mí todos los que estáis trabajados y cargados, y yo os haré descansar. Llevad mi yugo sobre vosotros, y aprended de mí, que soy manso y humilde de corazón; y hallaréis descanso para vuestras almas" (Mateo 11:28-29).
3. "La paz os dejo, mi paz os doy; yo no os la doy como el mundo la da. No se turbe vuestro corazón, ni tenga miedo" (Juan 14:27).
4. "Por nada estéis afanosos, sino sean conocidas vuestras peticiones delante de Dios en toda oración y ruego, con acción de gracias. Y la paz de Dios, que sobrepasa todo entendimiento, guardará vuestros corazones y vuestros pensamientos en Cristo Jesús" (Filipenses 4:6-7).
5. "Fíate de Jehová de todo tu corazón, y no te apoyes en tu propia prudencia. Reconócelo en todos tus caminos, y él enderezará tus veredas" (Proverbios 3:5-6).
6. "Con todo, yo siempre estuve contigo; me tomaste de la mano derecha" (Salmo 73:23).
7. "Y la paz de Dios gobierne* en vuestros corazones, a la que asimismo fuisteis llamados en un solo cuerpo; y sed agradecidos" (Colosenses 3:15).

---

* La palabra en hebreo para *gobierne (brabeuo)* significa propiamente, actuar como árbitro, de ahí, generalmente, arbitrar, decidir. Tomado de W. E. Vine, *Diccionario expositivo de palabras del Nuevo Testamento Vine* (Nashville, TN: Editorial Caribe, 1999), v. <gobierno>.

36

Ansiedad

Ordeno a la ansiedad en la vida de mi hijo que se quiebre y desaparezca. Derramo la paz de Dios que sobrepasa todo entendimiento, para que guarden su corazón y su mente. Gracias, Padre celestial porque tus pensamientos siempre están sobre _____________, y estás siempre vigilando todo lo que se refiere a él.[1] Cuando mi hijo se acerca a ti, le das descanso. Mi hijo lleva tu carga, y le cae perfectamente.[2]

Gracias por tu regalo de paz. Destruye la esclavitud de la ansiedad. Esa paz no es tan frágil como la que da el mundo, así que mi hijo no tiene motivos para sentir miedo ni preocupación.[3] Tu paz es más maravillosa de lo que puede llegar a entender la mente humana, y mantiene los pensamientos y el corazón de mi hijo en calma, porque confía en ti.[4]

Gracias porque mi hijo confía completamente en ti y no en sí mismo. Como resultado, tú dirigirás sus pasos y coronarás todos sus esfuerzos con éxito.[5] ¡Gracias por llevar a mi hijo de la mano, con tu mano derecha,[6] y por permitir que tu paz dirija su corazón![7] Amén.

La Palabra de Dios declara

1. "De modo que si alguno está en Cristo, nueva criatura es; las cosas viejas pasaron; he aquí todas son hechas nuevas" (2 Corintios 5:17).
2. "Y todo lo que pidiereis al Padre en mi nombre, lo haré, para que el Padre sea glorificado en el Hijo" (Juan 14:13).
3. "En lo que requiere diligencia, no perezosos; fervientes en espíritu, sirviendo al Señor" (Romanos 12:11).
4. "A fin de que no os hagáis perezosos, sino imitadores de aquellos que por la fe y la paciencia heredan las promesas" (Hebreos 6:12).
5. "Porque Dios es el que en vosotros produce así el querer como el hacer, por su buena voluntad" (Filipenses 2:13).

37
Apatía

Padre, traigo mi hija ante ti como un acto de mi fe. Te agradezco por hacer de ella una nueva criatura en Cristo, haciendo que abandone sus viejas actitudes.[1] Vengo a oponerme a la apatía en el nombre de Jesús, sabiendo que lo que pida en su nombre, será hecho.[2]

Oro porque vistas a ___________ con fervor espiritual para que pueda servirte en todo.[3]

Aleja de ella toda indiferencia y holgazanería para que pueda recibir lo que tú has prometido como resultado de su fe y paciencia.[4] Espíritu Santo, te invito a trabajar enteramente en ella, dándole el deseo de obedecerte y hacer lo que tú quieres que haga.[5] Amén.

La Palabra de Dios declara

1. "Mas el fruto del Espíritu es amor, gozo, paz, paciencia, benignidad, bondad, fe, mansedumbre, templanza; contra tales cosas no hay ley" (Gálatas 5:22-23).
2. "Porque no nos ha dado Dios espíritu de cobardía, sino de poder, de amor y de dominio propio" (2 Timoteo 1:7).
3. "…y escapen del lazo del diablo, en que están cautivos a voluntad de él" (2 Timoteo 2:26).
4. "Porque las armas de nuestra milicia no son carnales, sino poderosas en Dios para la destrucción de fortalezas" (2 Corintios 10:4).
5. "Sobre todo, tomad el escudo de la fe, con que podáis apagar todos los dardos de fuego del maligno" (Efesios 6:16).
6. "¿No le has cercado alrededor a él y a su casa y a todo lo que tiene? Al trabajo de sus manos has dado bendición; por tanto, sus bienes han aumentado sobre la tierra" (Job 1:10).
7. "Porque raíz de todos los males es el amor al dinero, el cual codiciando algunos, se extraviaron de la fe, y fueron traspasados de muchos dolores" (1 Timoteo 6:10).
8. "Así que, si el Hijo os libertare, seréis verdaderamente libres" (Juan 8:36).

38

Apuestas

Padre, gracias porque el fruto del Espíritu ha sido depositado en la vida de mi hijo. Te pido que el fruto del dominio propio se manifieste en su vida.[1] Tomo autoridad sobre la tentación y la adicción al juego por dinero. Le ordeno renunciar al control que tiene sobre mi hijo para que él conozca el poder, el amor y el dominio propio[2] que provienen de ti.

No permitiré que ______________ sea atrapado por el lazo del diablo, ni sea cautivo a su voluntad.[3] Ejerzo autoridad mediante el arma de la oración y te alabo porque es poderosa para destruir fortalezas.[4] Todo dardo de fuego de apuestas quedará frustrado en la vida de mi hijo a causa del escudo de fe que tú le has dado.[5]

Oro porque levantes un cerco de protección alrededor de mi hijo para guardarlo de todo lo que impida el plan y el propósito que tú tienes para su vida.[6] Padre, tu poder es libre de obrar en la vida de mi hijo, liberándolo del amor al dinero porque es raíz de todos los males.[7] ¡Porque has dicho que a quien el Hijo libertare, será verdaderamente libre![8] Amén.

La Palabra de Dios declara

1. "De modo que si alguno está en Cristo, nueva criatura es; las cosas viejas pasaron; he aquí todas son hechas nuevas" (2 Corintios 5:17).
2. "¿Cuánto más la sangre de Cristo, el cual mediante el Espíritu eterno se ofreció a sí mismo sin mancha a Dios, limpiará vuestras conciencias de obras muertas para que sirváis al Dios vivo?" (Hebreos 9:14).
3. "He aquí os doy potestad de hollar serpientes y escorpiones, y sobre toda fuerza del enemigo, y nada os dañará" (Lucas 10:19).
4. "No os acordéis de las cosas pasadas, ni traigáis a memoria las cosas antiguas" (Isaías 43:18).
5. "Porque no tenemos un sumo sacerdote que no pueda compadecerse de nuestras debilidades, sino uno que fue tentado en todo según nuestra semejanza, pero sin pecado. Acerquémonos, pues, confiadamente al trono de la gracia, para alcanzar misericordia y hallar gracia para el oportuno socorro" (Hebreos 4:15-16).
6. "Hijitos, vosotros sois de Dios, y los habéis vencido; porque mayor es el que está en vosotros, que el que está en el mundo" (1 Juan 4:4).

39

Ataduras sexuales

Padre celestial, ¡gracias por hacer de mi hija una nueva criatura en ti! Ya no tiene que preocuparse por los errores que cometió en el pasado, sino que puede concentrarse en las cosas nuevas que tú estás haciendo en su vida.[1] Rompo toda atadura del mundo, por medio de la sangre de Jesús.[2] Declaro que ________________ es libre de toda relación impura, incluyendo las sexuales. El enemigo ha sido derrotado en su vida a causa de la autoridad que Cristo nos ha dado.[3]

Gracias, Padre, por renovar su mente, haciendo que olvide las cosas pasadas y no traiga a memoria lo antiguo.[4] Recuérdale que tú eres nuestro perfecto Sumo Sacerdote que entiende nuestras debilidades. Enséñale a mi hija a no rendirse a la tentación. Que pueda acercarse confiadamente ante tu trono y permanecer allí para alcanzar la misericordia y la gracia que le asistan en su hora de necesidad.[5]

Tú vives dentro de mi hija y eres mucho más grande que toda otra influencia del mundo. Mi hija se levanta en victoria.[6] ¡En el nombre de Jesús!

La Palabra de Dios declara

1. "Al que no conoció pecado, por nosotros lo hizo pecado, para que nosotros fuésemos hechos justicia de Dios en él" (2 Corintios 5:21).
2. "Todo lo puedo en Cristo que me fortalece" (Filipenses 4:13).
3. "Vosotros sois de vuestro padre el diablo, y los deseos de vuestro padre queréis hacer. El ha sido homicida desde el principio, y no ha permanecido en la verdad, porque no hay verdad en él. Cuando habla mentira, de suyo habla; porque es mentiroso, y padre de mentira" (Juan 8:44).
4. "Mas vosotros sois linaje escogido, real sacerdocio, nación santa, pueblo adquirido por Dios, para que anunciéis las virtudes de aquel que os llamó de las tinieblas a su luz admirable" (1 Pedro 2:9).
5. "Porque las cosas que se escribieron antes, para nuestra enseñanza se escribieron, a fin de que por la paciencia y la consolación de las Escrituras, tengamos esperanza. Pero el Dios de la paciencia y de la consolación os dé entre vosotros un mismo sentir según Cristo Jesús" (Romanos 15:4-5).
6. "Porque yo sé los pensamientos que tengo acerca de vosotros, dice Jehová, pensamientos de paz, y no de mal, para daros el fin que esperáis" (Jeremías 29:11).

40

Baja autoestima

Padre celestial, gracias por derramar tu bondad sobre mi hijo para que imite tu carácter.[1] Oro porque ____________ encuentre su autoestima en ti, sabiendo que todo lo puede en Cristo que lo fortalece.[2]

Reprendo al padre de la mentira que ha engañado a mi hijo para que crea que no vale lo suficiente como para tener una mayor autoestima.[3] Oro porque tu amor lo alcance, y le pruebe que ha sido elegido por ti como sacerdote del Rey, santo y puro, uno más de los tuyos. Haz que sea un ejemplo para los demás de cómo tú lo llamaste de las tinieblas a tu luz admirable.[4] Envuélvelo en tus brazos de consolación, y que tu Palabra sea su aliento.[5]

Gracias porque siempre estás pensando en él. Aliéntalo, revelándole los pensamientos de paz, y no de mal, que tienes para él. ¡Muéstrale que estás planeando un futuro glorioso y lleno de esperanza para él![6] Amén.

La Palabra de Dios declara

1. "Si confesamos nuestros pecados, él es fiel y justo para perdonar nuestros pecados, y limpiarnos de toda maldad" (1 Juan 1:9).
2. "Cuanto está lejos el oriente del occidente, hizo alejar de nosotros nuestras rebeliones" (Salmo 103:12).
3. "Acerquémonos, pues, confiadamente al trono de la gracia, para alcanzar misericordia y hallar gracia para el oportuno socorro" (Hebreos 4:16).
4. "No os acordéis de las cosas pasadas, ni traigáis a memoria las cosas antiguas. He aquí que yo hago cosa nueva" (Isaías 43:18-19).
5. "De modo que si alguno está en Cristo, nueva criatura es; las cosas viejas pasaron; he aquí todas son hechas nuevas" (2 Corintios 5:17).
6. "No os conforméis a este siglo, sino transformaos por medio de la renovación de vuestro entendimiento, para que comprobéis cuál sea la buena voluntad de Dios, agradable y perfecta" (Romanos 12:2).
7. "Por tanto, nosotros todos, mirando a cara descubierta como en un espejo la gloria del Señor, somos transformados de gloria en gloria en la misma imagen, como por el Espíritu del Señor" (2 Corintios 3:18).
8. "Pues no habéis recibido el espíritu de esclavitud para estar otra vez en temor, sino que habéis recibido el espíritu de adopción, por el cual clamamos: ¡Abba, Padre!" (Romanos 8:15).

41

Culpa

Padre celestial, te alabo por tu interminable misericordia y gracia. Gracias porque cuando mi hija confiesa sus pecados ante ti, tú la perdonas y la libras de todo mal.[1] La has apartado del pecado tanto como está lejos el oriente del occidente.[2] Gracias porque _______ tiene derecho a venir confiadamente ante tu trono y permanecer allí para hallar la misericordia y la gracia para el oportuno socorro.[3]

Reprendo a Satanás y al engaño que utiliza para mantener a mi hija trayendo a memoria el pasado en lugar del futuro.[4] Ella se ha convertido en una persona totalmente nueva por dentro. Ya no es la misma de antes; ha iniciado una nueva vida.[5]

Derramo el poder renovador de Dios sobre mi hija hoy[6] y te agradezco por la sangre de Cristo que transforma el corazón, la mente y la vida de mi hija conforme a tu imagen.[7] Proclamo que mi hija no se apartará ni tendrá miedo de ti, Señor, sino que se comportará como hija tuya, adoptada en el seno de tu familia, llamándote "Padre, Padre".[8]

La Palabra de Dios declara

1. "Ciertamente llevó él nuestras enfermedades, y sufrió nuestros dolores; y nosotros le tuvimos por azotado, por herido de Dios y abatido" (Isaías 53:4).
2. "Gócense y alégrense en ti todos los que te buscan, y digan siempre los que aman tu salvación: Jehová sea enaltecido" (Salmo 40:16).
3. "Y tomad el yelmo de la salvación, y la espada del Espíritu, que es la palabra de Dios" (Efesios 6:17).
4. "Luego les dijo: Id, comed grosuras, y bebed vino dulce, y enviad porciones a los que no tienen nada preparado; porque día santo es a nuestro Señor; no os entristezcáis, porque el gozo de Jehová es vuestra fuerza" (Nehemías 8:10).
5. "Me hiciste conocer los caminos de la vida; me llenarás de gozo con tu presencia" (Hechos 2:28).
6. "Y temerán desde el occidente el nombre de Jehová, y desde el nacimiento del sol su gloria; porque vendrá el enemigo como río, mas el Espíritu de Jehová levantará bandera contra él" (Isaías 59:19).
7. "Y la paz de Dios, que sobrepasa todo entendimiento, guardará vuestros corazones y vuestros pensamientos en Cristo Jesús" (Filipenses 4:7).

42

DEPRESIÓN

Padre, gracias por enviar a Jesús a sanar a los quebrantados. Gracias porque Jesús se llevó las enfermedades y sufrió los dolores de mi hijo.[1] La depresión no hallará lugar en su vida. ¡Ordeno a los espíritus de opresión que sean derrotados y reemplazados por la alabanza! Porque ________ ha nacido de ti, oro porque tu gozo le sea dado para que pueda exclamar constantemente, "¡Jehová sea enaltecido!"[2] Mi hijo conoce tu salvación y el yelmo de la salvación protege su mente de toda manipulación emocional por parte del diablo.[3] Restaura el gozo de tu salvación en su vida. Permite que deje de mirarse a sí mismo y vea las necesidades de aquellos alrededor de él.

El gozo del Señor dará a mi hija las fuerzas para resistir la depresión.[4] Sé que tú le devolverás su vida, y que encontrará gozo en tu presencia.[5] Tu poder levantará bandera de gozo y fortaleza en la vida de mi hijo para que el río de depresión del enemigo no triunfe.[6] Oro para que tu paz guarde y proteja su corazón y su mente.[7] Amén.

La Palabra de Dios declara

1. "Así que, hermanos, os ruego por las misericordias de Dios, que presentéis vuestros cuerpos en sacrificio vivo, santo, agradable a Dios, que es vuestro culto racional" (Romanos 12:1).
2. "No os conforméis a este siglo, sino transformaos por medio de la renovación de vuestro entendimiento, para que comprobéis cuál sea la buena voluntad de Dios, agradable y perfecta" (Romanos 12:2).
3. "Porque no nos ha dado Dios espíritu de cobardía, sino de poder, de amor y de dominio propio" (2 Timoteo 1:7).
4. "Porque son vida a los que las hallan, y medicina a todo su cuerpo" (Proverbios 4:22).
5. "Vosotros sois de vuestro padre el diablo, y los deseos de vuestro padre queréis hacer. El ha sido homicida desde el principio, y no ha permanecido en la verdad, porque no hay verdad en él. Cuando habla mentira, de suyo habla; porque es mentiroso, y padre de mentira" (Juan 8:44).
6. "Entonces llamando a sus doce discípulos, les dio autoridad sobre los espíritus inmundos, para que los echasen fuera, y para sanar toda enfermedad y toda dolencia" (Mateo 10:1).
7. "De modo que si alguno está en Cristo, nueva criatura es; las cosas viejas pasaron; he aquí todas son hechas nuevas" (2 Corintios 5:17).
8. "Estad, pues, firmes, ceñidos vuestros lomos con la verdad, y vestidos con la coraza de justicia" (Efesios 6:14).
9. "Y Jehová respondió a Samuel: No mires a su parecer, ni a lo grande de su estatura, porque yo lo desecho; porque Jehová no mira lo que mira el hombre; pues el hombre mira lo que está delante de sus ojos, pero Jehová mira el corazón" (1 Samuel 16:7).

43

DESÓRDENES ALIMENTICIOS

Padre celestial, oro porque __________ presente su cuerpo como sacrificio vivo, santo y agradable a ti.[1] Oro en contra de toda opresión de desorden alimenticio y te doy gracias de antemano que la mente de mi hija está siendo transformada y renovada por tu palabra.[2] Tu Palabra le afirma el derecho total al dominio propio[3] y a un cuerpo sano.[4]

Reprendo al padre de toda mentira y a los pensamientos engañosos que él intente utilizar en contra de la mente y el cuerpo de mi hija.[5] Tomo autoridad sobre su enfermedad destructiva y sobre todo patrón de conducta asociado con éste.[6]

Mi hija es nueva criatura en Cristo y proclamo que comenzará a verse a sí misma de esa manera.[7] Oro porque el cinturón de la verdad sea ceñido firmemente a su cintura, que encuentre balance sobre lo que tú piensas de ella, y así pueda estar firme.[8] Oro porque mi hija no sea afectada por las opiniones de quienes miran el aspecto físico, y porque en cambio se vea como tú la ves, porque tú miras el corazón.[9] Amén.

La Palabra de Dios declara

1. "Así que, hermanos, os ruego por las misericordias de Dios, que presentéis vuestros cuerpos en sacrificio vivo, santo, agradable a Dios, que es vuestro culto racional. No os conforméis a este siglo, sino transformaos por medio de la renovación de vuestro entendimiento, para que comprobéis cuál sea la buena voluntad de Dios, agradable y perfecta" (Romanos 12:1-2).
2. "Porque las armas de nuestra milicia no son carnales, sino poderosas en Dios para la destrucción de fortalezas" (2 Corintios 10:4).
3. "El ladrón no viene sino para hurtar y matar y destruir; yo he venido para que tengan vida, y para que la tengan en abundancia" (Juan 10:10).
4. "Que con mansedumbre corrija a los que se oponen, por si quizá Dios les conceda que se arrepientan para conocer la verdad, y escapen del lazo del diablo, en que están cautivos a voluntad de él" (2 Timoteo 2:25-26).
5. "Ninguna arma forjada contra ti prosperará, y condenarás toda lengua que se levante contra ti en juicio. Esta es la herencia de los siervos de Jehová, y su salvación de mí vendrá, dijo Jehová" (Isaías 54:17).
6. "Bienaventurado el varón que soporta la tentación; porque cuando haya resistido la prueba, recibirá la corona de vida, que Dios ha prometido a los que le aman" (Santiago 1:12).

44

Drogas y alcohol

Padre, gracias por tu poder que destruye el yugo que opera en la vida de mi hijo. Con la autoridad de la Palabra de Dios, rompo el yugo de las drogas y el alcohol sobre la vida de ____________ en el día de hoy. Su espíritu, alma y cuerpo te pertenecen. Que el cuerpo de mi hijo sea utilizado como sacrificio vivo, santo y agradable a ti. Ya no vivirá conforme al mundo y sus patrones destructivos, sino que se irá transformando ante mis ojos.[1] He utilizado mi arma espiritual de la oración para destruir las fortalezas del enemigo.[2] No permitiré que el ladrón robe, mate o destruya a mi hijo con las drogas y el alcohol, porque Jesús pagó para que él tuviera una vida abundante.[3]

Gracias por el arrepentimiento que lleva al conocimiento claro de la verdad, y por hacer que escape del lazo del diablo.[4] ¡No habrá arma forjada en contra de mi hijo que pueda prosperar![5] Gracias por darle el poder para resistir la tentación y por la corona de vida que es su recompensa.[6] ¡Porque aquel a quien el Hijo libertare será completamente libre! Amén.

La Palabra de Dios declara

1. "Porque de cierto os digo que cualquiera que dijere a este monte: Quítate y échate en el mar, y no dudare en su corazón, sino creyere que será hecho lo que dice, lo que diga le será hecho" (Marcos 11:23).
2. "Así que la fe es por el oír, y el oír, por la palabra de Dios" (Romanos 10:17).
3. "Sobre todo, tomad el escudo de la fe, con que podáis apagar todos los dardos de fuego del maligno" (Efesios 6:16).
4. "Y a ti te daré las llaves del reino de los cielos; y todo lo que atares en la tierra será atado en los cielos; y todo lo que desatares en la tierra será desatado en los cielos" (Mateo 16:19).
5. "Dios no es hombre, para que mienta, ni hijo de hombre para que se arrepienta. El dijo, ¿y no hará? Habló, ¿y no lo ejecutará?" (Números 23:19).
6. "Fiel es el que os llama, el cual también lo hará" (1 Tesalonicenses 5:24).
7. "Fíate de Jehová de todo tu corazón, y no te apoyes en tu propia prudencia" (Proverbios 3:5).
8. "A fin de que no os hagáis perezosos, sino imitadores de aquellos que por la fe y la paciencia heredan las promesas" (Hebreos 6:12).

45

DUDA

Padre, gracias porque en el nombre de Jesús la duda ya no tiene autoridad sobre la vida de ____________. Tú declaraste que si mi hija tiene fe y no duda, podrá ordenarle a una montaña que se eche al mar, y así será.[1] Su fe viene por escuchar la Buena Nueva de Cristo[2] y es un escudo que la protege de los dardos de fuego del maligno.[3]

Declaraste que lo que atemos en la tierra será atado en el cielo, por tanto yo ato la duda y todo lo que haya causado duda en la vida de mi hija.[4] Mi hija tiene pleno derecho de creer en tu Palabra, Señor, porque tú no mientes. Muéstrale que no cambias de idea, como lo hacen los hombres.[5] Tú harás todo lo que prometiste hacer con respecto a ella.[6] Oro porque ella confíe en ti con todo su corazón, sin apoyarse en su propia prudencia limitada de quién eres y de lo que tienes preparado para ella.[7] Ayúdale a imitar a otros que han utilizado la fe y la paciencia para heredar tus promesas.[8] Amén.

La Palabra de Dios declara

1. "Así será mi palabra que sale de mi boca; no volverá a mí vacía, sino que hará lo que yo quiero, y será prosperada en aquello para que la envié" (Isaías 55:11).
2. "Envió su palabra, y los sanó, y los libró de su ruina" (Salmo 107:20).
3. "Porque las armas de nuestra milicia no son carnales, sino poderosas en Dios para la destrucción de fortalezas" (2 Corintios 10:4).
4. "Y despojando a los principados y a las potestades, los exhibió públicamente, triunfando sobre ellos en la cruz" (Colosenses 2:15).
5. "Quien llevó él mismo nuestros pecados en su cuerpo sobre el madero, para que nosotros, estando muertos a los pecados, vivamos a la justicia; y por cuya herida fuisteis sanados" (1 Pedro 2:24).
6. "Y dijo: Si oyeres atentamente la voz de Jehová tu Dios, e hicieres lo recto delante de sus ojos, y dieres oído a sus mandamientos, y guardares todos sus estatutos, ninguna enfermedad de las que envié a los egipcios te enviaré a ti; porque yo soy Jehová tu sanador" (Éxodo 15:26).
7. "Porque la ley del Espíritu de vida en Cristo Jesús me ha librado de la ley del pecado y de la muerte" (Romanos 8:2).
8. "El ladrón no viene sino para hurtar y matar y destruir; yo he venido para que tengan vida, y para que la tengan en abundancia" (Juan 10:10).

46

Enfermedad y dolencias

Confieso tu Palabra sobre mi hijo con respecto a su sanidad, sabiendo que tu Palabra no torna vacía. Cumple aquello para la cual es enviada,[1] y tú la has enviado para sanarlo.[2] Las armas con las que peleo tienen poder divino en el reino celestial para destruir las fortalezas de la enfermedad en la vida de mi hijo.[3]

Señor Jesús, gracias por despojar el poder y la autoridad del diablo, exhibiendo su derrota públicamente.[4] Tú personalmente llevaste la carga de los pecados de __________ en tu cuerpo al morir en la cruz, para que pudiera lavar sus pecados y conocer la sanidad como estilo de vida por medio de tus heridas.[5] Oro para que mi hijo te conozca como Jehová-Rafa, el Señor, tu sanador.[6]

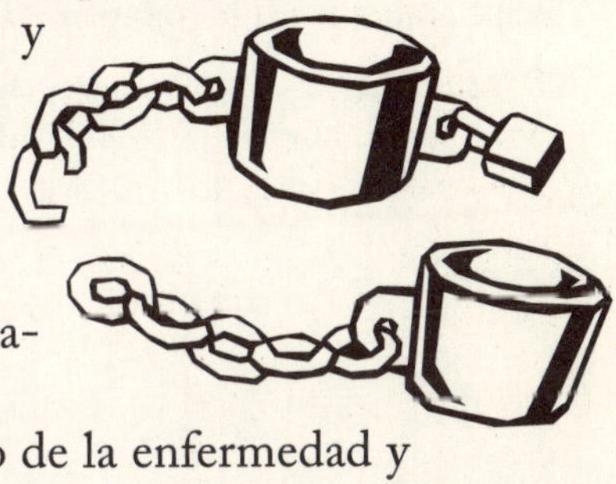

Jesús ha librado a mi hijo de la enfermedad y de toda parte de la ley del pecado y la muerte.[7] Mi hijo no será robado, muerto ni destruido por la enfermedad, porque Jesús vino para darle vida y vida en abundancia.[8] ¡En el nombre de Jesús!

La Palabra de Dios declara

1. "...alumbrando los ojos de vuestro entendimiento, para que sepáis cuál es la esperanza a que él os ha llamado, y cuáles las riquezas de la gloria de su herencia en los santos" (Efesios 1:18).
2. "Porque no tenemos lucha contra sangre y carne, sino contra principados, contra potestades, contra los gobernadores de las tinieblas de este siglo, contra huestes espirituales de maldad en las regiones celestes" (Efesios 6:12).
3. "No os conforméis a este siglo, sino transformaos por medio de la renovación de vuestro entendimiento, para que comprobéis cuál sea la buena voluntad de Dios, agradable y perfecta" (Romanos 12:2).
4. "He aquí os doy potestad de hollar serpientes y escorpiones, y sobre toda fuerza del enemigo, y nada os dañará" (Lucas 10:19).
5. "Para alabanza de la gloria de su gracia, con la cual nos hizo aceptos en el Amado" (Efesios 1:6).
6. "Sin profecía el pueblo se desenfrena; mas el que guarda la ley es bienaventurado" (Proverbios 29:18).
7. "Porque Dios es el que en vosotros produce así el querer como el hacer, por su buena voluntad" (Filipenses 2:13).

47

Gangas

Padre celestial, gracias porque los ojos del entendimiento de mi hija están siendo alumbrados para que conozca la esperanza que sólo proviene de ti.[1] No lucho contra las influencias de carne y sangre en la vida de mi hija, sino contra principados y potestades que han intentado apoderarse de su destino.[2] En el nombre de Jesús, yo reprendo las tretas controladoras de las pandillas y sus actividades, que ejercen control sobre mi hija.

Afirmo que ____________ ya no vive conforme a este mundo y su falso sentido de identidad, sino que está siendo transformada ante mis ojos.[3] ¡Tomo autoridad sobre todo poder del enemigo, y nada que se levante podrá lastimar a mi hija![4] Ni siquiera el poder del infierno podrá apartarla de tu amor.

Gracias por revelarle a mi hija que ella es aceptada en la familia de Dios por medio de Jesucristo.[5] No se desenfrenará porque tú estás poniendo una visión en su corazón[6] y estás obrando en ella para producir así el querer como el hacer, por tu buena voluntad.[7] Amén.

La Palabra de Dios declara

1. "Por esto Dios los entregó a pasiones vergonzosas; pues aun sus mujeres cambiaron el uso natural por el que es contra naturaleza" (Romanos 1:26).
2. "Porque el pecado no se enseñoreará de vosotros; pues no estáis bajo la ley, sino bajo la gracia" (Romanos 6:14).
3. "Porque las armas de nuestra milicia no son carnales, sino poderosas en Dios para la destrucción de fortalezas" (2 Corintios 10:4).
4. "Y tomad el yelmo de la salvación, y la espada del Espíritu, que es la palabra de Dios" (Efesios 6:17).
5. "Ya que cambiaron la verdad de Dios por la mentira, honrando y dando culto a las criaturas antes que al Creador, el cual es bendito por los siglos. Amén" (Romanos 1:25).
6. "Así será mi palabra que sale de mi boca; no volverá a mí vacía, sino que hará lo que yo quiero, y será prosperada en aquello para que la envié" (Isaías 55:11).
7. "Porque sé que por vuestra oración y la suministración del Espíritu de Jesucristo, esto resultará en mi liberación" (Filipenses 1:19).
8. "Vosotros sois de vuestro padre el diablo, y los deseos de vuestro padre queréis hacer. El ha sido homicida desde el principio, y no ha permanecido en la verdad, porque no hay verdad en él. Cuando habla mentira, de suyo habla; porque es mentiroso, y padre de mentira" (Juan 8:44).
9. "Y conoceréis la verdad, y la verdad os hará libres" (Juan 8:32).
10. "Y vestíos del nuevo hombre, creado según Dios en la justicia y santidad de la verdad" (Efesios 4:24).
11. "Para alabanza de la gloria de su gracia, con la cual nos hizo aceptos en el Amado" (Efesios 1:6).

48

Homosexualidad

Vengo contra todo espíritu perverso que intente atraer a mi hijo a pasiones vergonzosas.[1] Satanás no tiene autoridad sobre __________, porque el pecado no tendrá dominio sobre él.[2] Mi arma de oración es un arma espiritual más poderosa que toda fortaleza.[3] Te pido que el yelmo de la salvación, como un casco protector, guarde su mente del engaño.[4]

Libero el poder de Dios sobre la vida de mi hijo, protegiéndolo de toda persona, lugar o cosa que intente pervertir la verdad de Dios.[5] Gracias, Padre, porque tu Palabra no vuelve a ti vacía, sino que será prosperada en todo lo que tú le has enviado.[6] Tengo plena confianza en que mi hijo será libre por medio de la provisión del Espíritu y mis oraciones.[7]

Gracias por darle a mi hijo la capacidad de discernir el pecado y las mentiras del diablo.[8] Tu verdad lo libera del engaño de la homosexualidad.[9] Gracias por la restauración, el perdón y el nuevo comienzo.[10] Tráelo hacia el amor y la aceptación que ha estado buscando y que solamente pueden encontrarse en Cristo.[11] Amén.

La Palabra de Dios declara

1. "Porque no nos ha dado Dios espíritu de cobardía, sino de poder, de amor y de dominio propio" (2 Timoteo 1:7).
2. "Y la paz de Dios, que sobrepasa todo entendimiento, guardará vuestros corazones y vuestros pensamientos en Cristo Jesús" (Filipenses 4:7).
3. "Y despojando a los principados y a las potestades, los exhibió públicamente, triunfando sobre ellos en la cruz" (Colosenses 2:15).
4. "Mas a Dios gracias, el cual nos lleva siempre en triunfo en Cristo Jesús, y por medio de nosotros manifiesta en todo lugar el olor de su conocimiento" (2 Corintios 2:14).
5. "Y yo daré paz en la tierra, y dormiréis, y no habrá quien os espante; y haré quitar de vuestra tierra las malas bestias, y la espada no pasará por vuestro país" (Levítico 26:6).
6. "Tendrás confianza, porque hay esperanza; mirarás alrededor, y dormirás seguro" (Job 11:18).
7. "Mas el que me oyere, habitará confiadamente y vivirá tranquilo, sin temor del mal" (Proverbios 1:33).

49
Incesto

Gracias por borrar el miedo y los recuerdos que provocan miedo en mi hija. Tú has reemplazado su miedo con tu poder sanador, tu amor sobrecogedor y una mente sana y sólida como la roca.[1] Le has dado a ____________ una paz activa que sobrepasa todo entendimiento para guardar su corazón y sus pensamientos.[2]

Satanás, te reprendo a ti y a todo intento demoníaco que trate de derrotar a mi hija por medio de la tragedia del incesto. Ahora mismo, quedas deshecho, derrotado y sin autoridad, y me afirmo en la autoridad de Cristo para humillarte abiertamente.[3] Mi hija será testimonio vivo del triunfo y el poder de Dios.[4]

Gracias, Padre, por otorgarle a mi hija la paz que la envolverá y rodeará, para que aún cuando duerma nadie pueda causarle espanto.[5] Proclamo que mi hija está seguro, estable y llena de tremenda esperanza. Puede descansar viendo la seguridad que le rodea.[6] Mi hija escucha tu Palabra, y por tanto habitará confiadamente y vivirá tranquila, sin temor del mal.[7] ¡En el nombre de Jesús!

La Palabra de Dios declara

1. "Envía tu mano desde lo alto; redímeme, y sácame de las muchas aguas, de la mano de los hombres extraños, cuya boca habla vanidad, y cuya diestra es diestra de mentira" (Salmo 144:7-8).
2. "...a los cuales es preciso tapar la boca; que trastornan casas enteras, enseñando por ganancia deshonesta lo que no conviene" (Tito 1:11).
3. "Mas no irán más adelante; porque su insensatez será manifiesta a todos, como también lo fue la de aquéllos" (2 Timoteo 3:9).
4. "He aquí os doy potestad de hollar serpientes y escorpiones, y sobre toda fuerza del enemigo, y nada os dañará" (Lucas 10:19).
5. "Jehová abre los ojos a los ciegos; Jehová levanta a los caídos; Jehová ama a los justos" (Salmo 146:8).
6. "E irá delante de él con el espíritu y el poder de Elías, para hacer volver los corazones de los padres a los hijos, y de los rebeldes a la prudencia de los justos, para preparar al Señor un pueblo bien dispuesto" (Lucas 1:17).

50

Influencia de sectas

Señor, oro para que envíes tu mano desde lo alto; redime a ____________ y sácalo de las muchas aguas que puedan estarlo ahogando. Rescátalo de la mano de religiones y sectas extrañas, que enseñan mentiras y juran por cosas engañosas.[1]

Silencia aquellos que tratan de influenciar en él; que trastornan familias enteras, enseñando por ganancia deshonesta lo que no conviene.[2] Oro para que no vayan más adelante en su culto, para que su insensatez sea manifiesta a todos.[3] Tomo autoridad sobre todo espíritu del mal que obra en estas falsas religiones, ¡confiando en tu poder para vencer al enemigo![4] Señor, abre los ojos ciegos de mi hijo,[5] y hazle volver a la prudencia de los justos.[6] ¡En el nombre de Jesús!

La Palabra de Dios declara

1. "De modo que los de la fe son bendecidos con el creyente Abraham" (Gálatas 3:9).
2. "Bendito sea el Dios y Padre de nuestro Señor Jesucristo, que nos bendijo con toda bendición espiritual en los lugares celestiales en Cristo" (Efesios 1:3).
3. "Entonces dijo Dios a Balaam: No vayas con ellos, ni maldigas al pueblo, porque bendito es" (Números 22:12).
4. "¿Por qué maldeciré yo al que Dios no maldijo? ¿Y por qué he de execrar al que Jehová no ha execrado? (Números 23:8).
5. "Se vistió de maldición como de su vestido, y entró como agua en sus entrañas, y como aceite en sus huesos. Séale como vestido con que se cubra, y en lugar de cinto con que se ciña siempre. Sea este el pago de parte de Jehová a los que me calumnian, y a los que hablan mal contra mi alma. Y tú, Jehová, Señor mío, favoréceme por amor de tu nombre; líbrame, porque tu misericordia es buena" (Salmo 109:18-21).
6. "Cristo nos redimió de la maldición de la ley, hecho por nosotros maldición (porque está escrito: Maldito todo el que es colgado en un madero)" (Gálatas 3:13).
7. "La maldición de Jehová está en la casa del impío, pero bendecirá la morada de los justos" (Proverbios 3:33).

51

Maldiciones

Señor, gracias por bendecir a ____________ por su fe, así como derramaste tu poderosa bendición sobre Abraham.[1] Gracias por bendecirla con toda bendición espiritual en los lugares celestiales en Cristo.[2] Por eso, sé que quien intente maldecir a mi hija está malgastando su tiempo, ¡porque quienes han sido bendecidos por Dios no pueden ser dañados por una maldición![3] ¿Cómo podría alguien maldecir a mi hija, si Dios no lo hace?[4]

En el nombre de Jesús, yo reprendo a quien lleva vestidura de maldición, porque Dios liberó a mi hija por medio de la bondad de su amor.[5] Cristo la redimió de la maldición de la ley, haciéndose él mismo maldición por ella.[6]

Proclamo una bendición sobre nuestro hogar porque tú nos has hecho justos. ¡No hay lugar aquí para la maldición![7] ¡En el nombre de Jesús!

La Palabra de Dios declara

1. "Porque la palabra de Dios es viva y eficaz, y más cortante que toda espada de dos filos; y penetra hasta partir el alma y el espíritu, las coyunturas y los tuétanos, y discierne los pensamientos y las intenciones del corazón" (Hebreos 4:12).
2. "...sino que según fuimos aprobados por Dios para que se nos confiase el evangelio, así hablamos; no como para agradar a los hombres, sino a Dios, que prueba nuestros corazones" (1 Tesalonicenses 2:4).
3. "Y manifiestas son las obras de la carne, que son: adulterio, fornicación, inmundicia, lascivia, idolatría, hechicerías, enemistades, pleitos, celos, iras, contiendas, disensiones, herejías, envidias, homicidios, borracheras, orgías, y cosas semejantes a estas; acerca de las cuales os amonesto, como ya os lo he dicho antes, que los que practican tales cosas no heredarán el reino de Dios" (Gálatas 5:19-21).
4. "Inclina mi corazón a tus testimonios, y no a la avaricia" (Salmo 119:36).
5. "Enséñame, oh Jehová, tu camino; caminaré yo en tu verdad; afirma mi corazón para que tema tu nombre" (Salmo 86:11).
6. "Por lo demás, hermanos, todo lo que es verdadero, todo lo honesto, todo lo justo, todo lo puro, todo lo amable, todo lo que es de buen nombre; si hay virtud alguna, si algo digno de alabanza, en esto pensad" (Filipenses 4:8).

52

Manipulación

Padre celestial, quita toda motivación egoísta o intención oculta de mi hijo. Que la Palabra sea más cortante que toda espada de dos filos en su vida, juzgando los pensamientos y actitudes de su corazón.[1] Recuérdale que debe buscar agradarte únicamente a ti y no a los hombres, porque tú pones a prueba nuestros corazones.[2]

En el nombre de Jesús tomo autoridad sobre las ambiciones egoístas de mi hijo, que son obras de la naturaleza carnal.[3] Inclina su corazón hacia tus metas y objetivos, lejos de toda avaricia.[4]

Afirma el corazón de mi hijo, Señor, para que él adore tu nombre.[5] Reprendo al diablo y lo echo de su vida, y proclamo que mi hijo pensará y actuará de acuerdo a lo que es verdadero, honesto, justo, puro, amable y de buen nombre.[6] En el nombre de Jesús.

La Palabra de Dios declara

1. "Jesús le dijo: Amarás al Señor tu Dios con todo tu corazón, y con toda tu alma, y con toda tu mente" (Mateo 22:37).
2. "...ni tampoco presentéis vuestros miembros al pecado como instrumentos de iniquidad, sino presentaos vosotros mismos a Dios como vivos de entre los muertos, y vuestros miembros a Dios como instrumentos de justicia" (Romanos 6:13).
3. "¿No sabéis que vuestros cuerpos son miembros de Cristo? ¿Quitaré, pues, los miembros de Cristo y los haré miembros de una ramera? De ningún modo" (1 Corintios 6:15).
4. "Mas gracias sean dadas a Dios, que nos da la victoria por medio de nuestro Señor Jesucristo" (1 Corintios 15:57).
5. "Someteos, pues, a Dios; resistid al diablo, y huirá de vosotros" (Santiago 4:7).
6. "No os conforméis a este siglo, sino transformaos por medio de la renovación de vuestro entendimiento, para que comprobéis cuál sea la buena voluntad de Dios, agradable y perfecta" (Romanos 12:2).
7. "Haced morir, pues, lo terrenal en vosotros: fornicación, impureza, pasiones desordenadas, malos deseos y avaricia, que es idolatría" (Colosenses 3:5).
8. "Pero los que son de Cristo han crucificado la carne con sus pasiones y deseos" (Gálatas 5:24).
9. "¡Miserable de mí! ¿quién me librará de este cuerpo de muerte?" (Romanos 7:24).

53

Masturbación

Padre celestial, permite que tu Espíritu arda en el corazón de mi hija. Que te ame con todo su corazón, con toda su alma, con toda y mente y todas sus fuerzas.[1] Oro para que mi hija no utilice su cuerpo como instrumento para el pecado, sino que se entregue a ti como instrumento, para que la uses para tus buenos propósitos.[2] Recuérdale a ___________ que su cuerpo es en verdad un miembro de Cristo y pertenece a Él.[3]

Reprendo al diablo, negándole al pecado que pueda tomar posesión de mi hija por medio del hábito de la masturbación. Otórgale la victoria sobre toda área de pecado y muerte a través de Cristo Jesús.[4]

Señor, oro porque ella se entregue humildemente a ti, que pueda confiar en tu bondad y misericordia. Cuando ella resiste al diablo, el diablo tiene que huir.[5] Mi hija ya no vive conforme a este mundo y sus deseos carnales, sino que ha sido transformada ganando la batalla en su mente.[6]

Gracias porque ha muerto a los malvados deseos que están al acecho dentro de ella.[7] Sus deseos carnales han sido clavados en la cruz.[8] Rescátala de su cuerpo de muerte.[9] ¡En el nombre de Jesús!

La Palabra de Dios declara

1. "Lo que es nacido de la carne, carne es; y lo que es nacido del Espíritu, espíritu es" (Juan 3:6).
2. "Porque los que son de la carne piensan en las cosas de la carne; pero los que son del Espíritu, en las cosas del Espíritu" (Romanos 8:5).
3. "Por lo cual, desechando la mentira, hablad verdad cada uno con su prójimo; porque somos miembros los unos de los otros" (Efesios 4:25).
4. "He aquí, tú amas la verdad en lo íntimo, y en lo secreto me has hecho comprender sabiduría" (Salmo 51:6).
5. "Porque mi boca hablará verdad, y la impiedad abominan mis labios" (Proverbios 8:7).
6. "Y conoceréis la verdad, y la verdad os hará libres" (Juan 8:32).

54

MENTIRA

Padre celestial, gracias porque mi hijo ha nacido del Espíritu y tú vives dentro de él.[1] Te ruego que le hagas recordar cómo vivir según tu Espíritu y cómo hablar según el Espíritu desea que hable.[2]

Haz que tu Palabra se le revele a ____________ aún más claramente, Señor. Tú has declarado que somos miembros los unos de los otros y que cuando nos mentimos estamos lastimándonos a nosotros mismos.[3] Señor, tú mereces honestidad de todo corazón. Mereces absoluta verdad y sinceridad, por lo cual tomo autoridad sobre el hábito de mentir en el nombre de Jesús.[4] Te pido que todo lo que mi hijo hable sea medido contra la verdad, y que aborrezca las mentiras y todo engaño.[5] Que mi hijo conozca la verdad, practique la verdad y desee la verdad –y la verdad lo haga libre.[6] ¡En el nombre de Jesús!

La Palabra de Dios declara

1. "Dios es nuestro amparo y fortaleza, nuestro pronto auxilio en las tribulaciones. Por tanto, no temeremos, aunque la tierra sea removida, y se traspasen los montes al corazón del mar" (Salmo 46:1-2).
2. "Porque no nos ha dado Dios espíritu de cobardía, sino de poder, de amor y de dominio propio" (2 Timoteo 1:7).
3. "De manera que podemos decir confiadamente: El Señor es mi ayudador; no temeré lo que me pueda hacer el hombre" (Hebreos 13:6).
4. "Porque la ley del Espíritu de vida en Cristo Jesús me ha librado de la ley del pecado y de la muerte" (Romanos 8:2).
5. "En el día que temo, yo en ti confío" (Salmo 56:3).
6. "Huye el impío sin que nadie lo persiga; mas el justo está confiado como un león" (Proverbios 28:1).
7. "Tú eres mi refugio; me guardarás de la angustia; con cánticos de liberación me rodearás" (Salmo 32:7).
8. "En el amor no hay temor, sino que el perfecto amor echa fuera el temor; porque el temor lleva en sí castigo. De donde el que teme, no ha sido perfeccionado en el amor" (1 Juan 4:18).

55

Miedos

¡Ordeno al miedo a soltar su garra de la vida de ________________! Reprendo ese poder de miedo paralizante que está sobre mi hija.

Te agradezco, Señor, porque para mi hija tú eres el pronto auxilio en el tiempo de tribulación. Ella no tiene necesidad de temor, aunque se traspasen los montes al corazón del mar.[1] Tú sigues siendo su Dios. El miedo es algo que no viene de ti, porque sólo tú das poder, amor y dominio propio.[2] Gracias, Señor, porque mi hija puede decir de ti, "El Señor es mi ayudador; no temeré lo que me pueda hacer el hombre".[3]

Proclamo que mi hija es libre de la ley del pecado y la muerte[4] y que vive en el Espíritu de Cristo. Cada vez que mi hija se sienta tentada a temer, te pido, Padre, que la ayudes a poner su confianza en ti.[5] Que mi hija esté confiada como un león.[6] Recuérdale que tú eres su refugio para cada tormenta en la vida; ¡tú aun la guardas de la angustia! Con cánticos de liberación la has rodeado.[7] Oro para que mi hija experimente la realidad de tu amor y conozca que en tu amor no hay temor.[8] Amén.

La Palabra de Dios declara

1. "Porque los que son de la carne piensan en las cosas de la carne; pero los que son del Espíritu, en las cosas del Espíritu" (Romanos 8:5).
2. "Ninguna palabra corrompida salga de vuestra boca, sino la que sea buena para la necesaria edificación, a fin de dar gracia a los oyentes" (Efesios 4:29).
3. "Como me envió el Padre viviente, y yo vivo por el Padre, asimismo el que me come, él también vivirá por mí" (Juan 6:57).
4. "No os conforméis a este siglo, sino transformaos por medio de la renovación de vuestro entendimiento, para que comprobéis cuál sea la buena voluntad de Dios, agradable y perfecta" (Romanos 12:2).
5. "Por lo demás, hermanos, todo lo que es verdadero, todo lo honesto, todo lo justo, todo lo puro, todo lo amable, todo lo que es de buen nombre; si hay virtud alguna, si algo digno de alabanza, en esto pensad" (Filipenses 4:8).
6. "No erréis; las malas conversaciones corrompen las buenas costumbres" (1 Corintios 15:33).
7. "El Espíritu mismo da testimonio a nuestro espíritu, de que somos hijos de Dios" (Romanos 8:16).

56

Música

Padre celestial, gracias porque estás obrando en la vida de ____________. Estás poniendo en él el deseo de escuchar y pensar en música que esté de acuerdo con tu Espíritu.[1] Gracias por hacer que disfrute de música que edificará su espíritu.[2] Oro porque se alimente de música que represente a Jesús, y que a su vez disfrute y conozca el estilo de vida que deseas para nosotros.[3]

Gracias, Señor, por la obra renovadora que hace la música cristiana en la mente de mi hijo, transformándolo día a día.[4] Oro porque, con esa música, él medite en cosas que representan lo verdadero, honesto, justo, puro, amable, de buen nombre, virtud y digno de alabanza.[5]

Gracias por rodear a __________ de influencias buenas[6] y por darle tu Espíritu Santo para dar testimonio a su propio espíritu.[7] Tu Espíritu hace que diga no a la música del mundo. Gracias por edificar en mi hijo esa sólida convicción de escuchar música que te agrade a ti. En el nombre de Jesús.

La Palabra de Dios declara

1. "...a fin de que no os hagáis perezosos, sino imitadores de aquellos que por la fe y la paciencia heredan las promesas" (Hebreos 6:12).
2. "Por la pereza se cae la techumbre, y por la flojedad de las manos se llueve la casa" (Eclesiastés 10:18).
3. "Y a ti te daré las llaves del reino de los cielos; y todo lo que atares en la tierra será atado en los cielos; y todo lo que desatares en la tierra será desatado en los cielos" (Mateo 16:19).
4. "La mano de los diligentes señoreará; mas la negligencia será tributaria" (Proverbios 12:24).
5. "En lo que requiere diligencia, no perezosos; fervientes en espíritu, sirviendo al Señor" (Romanos 12:11).
6. "Por tanto, amados míos, como siempre habéis obedecido, no como en mi presencia solamente, sino mucho más ahora en mi ausencia, ocupaos en vuestra salvación con temor y temblor, porque Dios es el que en vosotros produce así el querer como el hacer, por su buena voluntad" (Filipenses 2:12-13).

57

Ociosidad

Padre celestial, proclamo que ________________ deja de estar espiritualmente aburrida o indiferente y que con entusiasmo seguirá el ejemplo de aquellos creyentes que recibieron todo lo que tu prometiste a causa de su fe y paciencia.[1]

Tomo autoridad sobre la ociosidad que ha intentado corromper el cimiento de mi hija, como la gotera que cae del techo de la casa.[2] Tú declaraste que lo que atemos en la tierra será atado en el cielo, y por ello en el nombre de Jesús, yo ato la actitud de apatía y complacencia en mi hija.[3] Oro porque frustres los hábitos de holgazanería que han comenzado a echar raíces en ella, y comience a ser diligente hasta convertirse en una líder.[4]

Oro porque mi hija no sea perezosa en su trabajo, más bien que te sirva con entusiasmo y corazón fervoroso.[5] Tú estás obrando en ella, ayudándola a querer obedecerte y producir en ella el querer como el hacer, por su buena voluntad.[6] Amén.

La Palabra de Dios declara

1. "Y ellos le han vencido por medio de la sangre del Cordero y de la palabra del testimonio de ellos, y menospreciaron sus vidas hasta la muerte" (Apocalipsis 12:11).
2. "Entonces llamando a sus doce discípulos, les dio autoridad sobre los espíritus inmundos, para que los echasen fuera, y para sanar toda enfermedad y toda dolencia" (Mateo 10:1).
3. "Someteos, pues, a Dios; resistid al diablo, y huirá de vosotros" (Santiago 4:7).
4. "Hijitos, vosotros sois de Dios, y los habéis vencido; porque mayor es el que está en vosotros, que el que está en el mundo" (1 Juan 4:4).
5. "Ellos dijeron: Cree en el Señor Jesucristo, y serás salvo, tú y tu casa" (Hechos 16:31).
6. "…[Dios Padre] el cual nos ha librado de la potestad de las tinieblas, y trasladado al reino de su amado Hijo" (Colosenses 1:13).
7. "Ninguna arma forjada contra ti prosperará, y condenarás toda lengua que se levante contra ti en juicio. Esta es la herencia de los siervos de Jehová, y su salvación de mí vendrá, dijo Jehová" (Isaías 54:17).
8. "Y despojando a los principados y a las potestades, los exhibió públicamente, triunfando sobre ellos en la cruz" (Colosenses 2:15).
9. "Porque no tenemos lucha contra sangre y carne, sino contra principados, contra potestades, contra los gobernadores de las tinieblas de este siglo, contra huestes espirituales de maldad en las regiones celestes" (Efesios 6:12).

58

Ocultismo

Satanás, te ato a ti y a todo engaño de actividad oculta que hayas intentado utilizar en mi hijo. Yo aplico la sangre de Jesús sobre ____________, sabiendo que hemos vencido por medio de la sangre del Cordero y de la palabra de nuestro testimonio.[1] El Señor me ha dado autoridad sobre los espíritus inmundos para echarlos fuera de mi hijo.[2] ¡Declaro que huyan ahora![3]

Padre, tú eres más fuerte que cualquier diablo o maldad en este mundo[4] y has declarado que mi hogar será salvo.[5] Gracias por rescatar a mi hijo de la potestad de las tinieblas y trasladarlo al reino de tu amado Hijo.[6] Ninguna arma forjada que se levante en contra de mi hijo, prosperará, en el nombre de Jesús.[7]

Tú le has quitado el poder a Satanás y abiertamente muestras el triunfo de Cristo en la cruz.[8] ¡Satanás y toda influencia de lo oculto han sido derrotados en la vida de mi hijo! Porque no tengo lucha contra influencias de carne y sangre, sino contra potestades, principados y poderes de este mundo de tinieblas, y contra las fuerzas espirituales del mal en las regiones celestes.[9] ¡En el nombre de Jesús!

La Palabra de Dios declara

1. “Y la esperanza no avergüenza; porque el amor de Dios ha sido derramado en nuestros corazones por el Espíritu Santo que nos fue dado” (Romanos 5:5).
2. “En esto consiste el amor: no en que nosotros hayamos amado a Dios, sino en que él nos amó a nosotros, y envió a su Hijo en propiciación por nuestros pecados” (1 Juan 4:10).
3. “Nadie ha visto jamás a Dios. Si nos amamos unos a otros, Dios permanece en nosotros, y su amor se ha perfeccionado en nosotros” (1 Juan 4:12).
4. “Hijitos míos, no amemos de palabra ni de lengua, sino de hecho y en verdad. Y en esto conocemos que somos de la verdad, y aseguraremos nuestros corazones delante de él; pues si nuestro corazón nos reprende, mayor que nuestro corazón es Dios, y él sabe todas las cosas” (1 Juan 3:18-20).
5. “Acontecerá en aquel tiempo que su carga será quitada de tu hombro, y su yugo de tu cerviz, y el yugo se pudrirá a causa de la unción” (Isaías 10:27).
6. “El amor nunca deja de ser; pero las profecías se acabarán, y cesarán las lenguas, y la ciencia acabará” (1 Corintios 13:8).
7. “El que ama a su hermano, permanece en la luz, y en él no hay tropiezo” (1 Juan 2:10).
8. “…[Dios Padre] el cual nos ha librado de la potestad de las tinieblas, y trasladado al reino de su amado Hijo” (Colosenses 1:13).

59
Odio

Gracias por el amor de Dios que ha sido derramado en el corazón de mi hija por el Espíritu Santo.[1] Permítele sentir lo que es el amor real: no sólo nuestro amor terrenal por ti, sino tu amor sobrenatural por nosotros, que provocó que enviaras a tu Hijo en propiciación por nuestros pecados.[2] Cuando mi hija ama a otras personas, como tú vives en ella, tu amor crece cada vez más fuerte dentro de ella.[3]

Yo tomo autoridad sobre el odio en el corazón de _____________. Ayúdale a amar de hecho y en verdad, ¡porque tu amor se ha derramado plenamente en ella![4]

Gracias porque ahora mismo quitas la carga de su hombro, y el yugo de su cerviz con el poder de Dios que obra en la vida de mi hija.[5] Gracias por romper el yugo del odio con tu amor perfecto. El amor que nunca falla.[6] Tu amor la capacita para que pueda andar en luz y ver el camino sin tropezar en la oscuridad y en el pecado.[7] Tú la has librado del yugo de tinieblas, y la has trasladado al Reino de Dios.[8] Amén.

La Palabra de Dios declara

1. "Airaos, pero no pequéis; no se ponga el sol sobre vuestro enojo" (Efesios 4:26).
2. "Pero yo os digo: Amad a vuestros enemigos, bendecid a los que os maldicen, haced bien a los que os aborrecen, y orad por los que os ultrajan y os persiguen; para que seáis hijos de vuestro Padre que está en los cielos, que hace salir su sol sobre malos y buenos, y que hace llover sobre justos e injustos" (Mateo 5:44-45).
3. "Sed, pues, imitadores de Dios como hijos amados. Y andad en amor, como también Cristo nos amó, y se entregó a sí mismo por nosotros, ofrenda y sacrificio a Dios en olor fragante" (Efesios 5:1-2).
4. "La cordura del hombre detiene su furor, y su honra es pasar por alto la ofensa" (Proverbios 19:11).
5. "No seas vencido de lo malo, sino vence con el bien el mal" (Romanos 12:21).
6. "Antes sed benignos unos con otros, misericordiosos, perdonándoos unos a otros, como Dios también os perdonó a vosotros en Cristo" (Efesios 4:32).

60

Ofensas

Padre celestial, oro porque ________________ ya no alimente sus rencores.[1] Que ame a sus enemigos y ore por aquellos que lo persiguen. Ayúdale a actuar como verdadero hijo del cielo.[2] Así como el niño imita a su padre terrenal, que él siga tu ejemplo en todo lo que haga. Llénalo con ese amor por los demás. Que Cristo, quien se entregó a sí mismo en sacrificio, sea su ejemplo de vida.[3]

Tu Palabra declara que el hombre sabio pasa por alto la ofensa.[4] Oro porque hagas sabio a mi hijo de la misma manera. Vengo contra ese orgullo necio que lo hace sentirse ofendido. Gracias porque el mal no vencerá. En cambio, confieso que estás obrando en mi hijo para conquistar el mal con bien.[5]

Gracias porque cada día mi hijo está venciendo el deseo de sentirse ofendido. Tu poder obra en él para que sea benigno con los demás, misericordioso y perdonador, así como Dios ha perdonado a quienes pertenecen a Cristo.[6] Amén.

La Palabra de Dios declara

1. "El Espíritu mismo da testimonio a nuestro espíritu, de que somos hijos de Dios" (Romanos 8:16).
2. "...enseñándonos que, renunciando a la impiedad y a los deseos mundanos, vivamos en este siglo sobria, justa y piadosamente" (Tito 2:12).
3. "Por lo demás, hermanos, todo lo que es verdadero, todo lo honesto, todo lo justo, todo lo puro, todo lo amable, todo lo que es de buen nombre; si hay virtud alguna, si algo digno de alabanza, en esto pensad" (Filipenses 4:8).
4. "No pondré delante de mis ojos cosa injusta. Aborrezco la obra de los que se desvían; ninguno de ellos se acercará a mí" (Salmo 101:3).
5. "El que camina en justicia y habla lo recto; el que aborrece la ganancia de violencias, el que sacude sus manos para no recibir cohecho, el que tapa sus oídos para no oír propuestas sanguinarias; el que cierra sus ojos para no ver cosa mala; éste habitará en las alturas; fortaleza de rocas será su lugar de refugio; se le dará su pan, y sus aguas serán seguras" (Isaías 33:15-16).

61

Películas

Padre celestial, te agradezco por darle a mi hija tu Espíritu Santo. Ella da testimonio con su propio espíritu,[1] negando todo entretenimiento opuesto a ti de manera que nuestras reglas refuercen la convicción y el compromiso sólido que ha tomado contigo.[2]

Otórgale a ______________ las fuerzas, cuando no estamos cerca, para elegir películas que fomenten pensamientos buenos, puros y limpios.[3] Oro porque mi hija te haga Señor en esta área. Dale la determinación de no permitir que entren cosas viles a su espíritu a través de sus ojos.[4] Ayúdale a caminar por la senda de rectitud, a hablar con propiedad, a cerrar los ojos para no ver cosa mala.[5] En el nombre de Jesús.

La Palabra de Dios declara

1. "...derribando argumentos y toda altivez que se levanta contra el conocimiento de Dios, y llevando cautivo todo pensamiento a la obediencia a Cristo" (2 Corintios 10:5).
2. "Y no participéis en las obras infructuosas de las tinieblas, sino más bien reprendedlas" (Efesios 5:11).
3. "Por lo demás, hermanos, todo lo que es verdadero, todo lo honesto, todo lo justo, todo lo puro, todo lo amable, todo lo que es de buen nombre; si hay virtud alguna, si algo digno de alabanza, en esto pensad" (Filipenses 4:8).
4. "No pondré delante de mis ojos cosa injusta. Aborrezco la obra de los que se desvían; ninguno de ellos se acercará a mí" (Salmo 101:3).
5. "Hice pacto con mis ojos; ¿cómo, pues, había yo de mirar a una virgen?" (Job 31:1).
6. "¿Con qué limpiará el joven su camino? Con guardar tu palabra" (Salmo 119:9).
7. "Las viandas para el vientre, y el vientre para las viandas; pero tanto al uno como a las otras destruirá Dios. Pero el cuerpo no es para la fornicación, sino para el Señor, y el Señor para el cuerpo" (1 Corintios 6:13).

62

Pornografía

Vengo a oponerme a la fortaleza de la pornografía en la vida de mi hijo, a demoler toda imaginación que se oponga al conocimiento de Dios. Oro porque todo pensamiento cautivo sea llevado a la obediencia a Cristo.[1] Mi hijo no participará en las obras infructuosas de las tinieblas, sino más bien las reprenderá.[2]

Quita toda semilla impía del pasado que haya sido sembrada en su mente. Que sus pensamientos estén fijos en ti, y que piense en todo lo verdadero, honesto, justo, puro, amable, y de buen nombre.[3] No pondrá cosa abominable delante de sus ojos.[4]

Padre, haz que ____________ haga una alianza con sus ojos para no mirar con lujuria al sexo opuesto.[5] Que comprenda la pureza del sexo dentro de una relación de pacto matrimonial. Te agradezco que mi hijo pueda permanecer puro en un mundo perverso, llevando tu Palabra en su corazón y siguiendo sus mandamientos.[6] Quema en el espíritu de mi hijo el saber que el pecado sexual nunca es para bien. Que sepa que el cuerpo no es para la fornicación sino para ser lleno de ti, Señor.[7] Amén.

La Palabra de Dios declara

1. "Pero la unción que vosotros recibisteis de él permanece en vosotros, y no tenéis necesidad de que nadie os enseñe; así como la unción misma os enseña todas las cosas, y es verdadera, y no es mentira, según ella os ha enseñado, permaneced en él" (1 Juan 2:27).
2. "Ya no hay judío ni griego; no hay esclavo ni libre; no hay varón ni mujer; porque todos vosotros sois uno en Cristo Jesús" (Gálatas 3:28).
3. "...para que no haya desavenencia en el cuerpo, sino que los miembros todos se preocupen los unos por los otros" (1 Corintios 12:25).
4. "Y la esperanza no avergüenza; porque el amor de Dios ha sido derramado en nuestros corazones por el Espíritu Santo que nos fue dado" (Romanos 5:5).
5. "[El amor] no se goza de la injusticia, mas se goza de la verdad. Todo lo sufre, todo lo cree, todo lo espera, todo lo soporta" (1 Corintios 13:6-7).
6. "Así que, si el Hijo os libertare, seréis verdaderamente libres" (Juan 8:36).
7. "No andarás chismeando entre tu pueblo. No atentarás contra la vida de tu prójimo. Yo Jehová. No aborrecerás a tu hermano en tu corazón; razonarás con tu prójimo, para que no participes de su pecado. No te vengarás, ni guardarás rencor a los hijos de tu pueblo, sino amarás a tu prójimo como a ti mismo. Yo Jehová" (Levítico 19:16-18).

63
PREJUICIO

Padre celestial, gracias por enseñarle a mi hija todas las cosas;[1] y por revelarle que no hay judío ni griego, esclavo ni libre, mujer ni varón en el Reino de Dios. Antes bien, todos somos uno en Cristo.[2] Ayuda a ____________ a tener igual amor por todos sus hermanos y hermanas en Cristo, compadeciéndose del que sufre y preocupándose por todos.[3]

Gracias por derramar tu amor sobre el corazón de mi hija por medio de tu Espíritu Santo,[4] reemplazando todo prejuicio. Ayuda a mi hija a mostrar tu amor regocijándose en la verdad y no buscando el mal. Oro porque tu amor por ella siempre la proteja, dándole confianza y perseverancia cuando trata a personas de razas diferentes.[5]

Declaro que mi hija es libre de las ataduras de prejuicio.[6] Ella no andará chismeando entre sus amigos, ni guardará odio contra otros en su corazón. No buscará vengarse, ni guardará rencor en nombre del prejuicio u otra cosa.[7] En el nombre de Jesús.

La Palabra de Dios declara

1. "Y acabó Dios en el día séptimo la obra que hizo; y reposó el día séptimo de toda la obra que hizo" (Génesis 2:2).
2. "Tomó, pues, Jehová Dios al hombre, y lo puso en el huerto de Edén, para que lo labrara y lo guardase" (Génesis 2:15).
3. "La mano negligente empobrece; mas la mano de los diligentes enriquece" (Proverbios 10:4).
4. "Jehová te enviará su bendición sobre tus graneros, y sobre todo aquello en que pusieres tu mano; y te bendecirá en la tierra que Jehová tu Dios te da" (Deuteronomio 28:8).
5. "Porque ¿quién conoció la mente del Señor? ¿Quién le instruirá? Mas nosotros tenemos la mente de Cristo" (1 Corintios 2:16).
6. "Mas por él estáis vosotros en Cristo Jesús, el cual nos ha sido hecho por Dios sabiduría, justificación, santificación y redención" (1 Corintios 1:30).
7. "En toda labor hay fruto; mas las vanas palabras de los labios empobrecen" (Proverbios 14:23).

64

Procrastinación

Padre celestial, gracias por hacer diligente a mi hijo en todo lo que hace. Reprendo la procrastinación, que es una forma de pereza en su vida. Con tu ejemplo, modela ante él el principio de descansar *después* de terminado el trabajo en lugar de postergarlo para descansar.[1]

Tú nos hiciste trabajar por naturaleza[2] y prometiste bendecir la mano del diligente.[3] Padre, proclamo tu bendición sobre todo lo que emprenda mi hijo______________.[4]

Tú le has dado a mi hijo la mente de Cristo,[5] y Cristo ha sido hecho sabiduría para él.[6] Mi hijo emprenderá toda tarea con sabiduría. Gracias por recompensar los esfuerzos de mi hijo y por impedir que se dedique meramente a hablar vanas palabras sobre la labor.[7] Amén.

La Palabra de Dios declara

1. "He aquí os doy potestad de hollar serpientes y escorpiones, y sobre toda fuerza del enemigo, y nada os dañará" (Lucas 10:19).
2. "Os he escrito por carta, que no os juntéis con los fornicarios" (1 Corintios 5:9).
3. "¿No le has cercado alrededor a él y a su casa y a todo lo que tiene? Al trabajo de sus manos has dado bendición; por tanto, sus bienes han aumentado sobre la tierra" (Job 1:10).
4. "Sobre toda cosa guardada, guarda tu corazón; porque de él mana la vida" (Proverbios 4:23).
5. "¿No sabéis que sois templo de Dios, y que el Espíritu de Dios mora en vosotros?" (1 Corintios 3:16).
6. "Ninguno tenga en poco tu juventud, sino sé ejemplo de los creyentes en palabra, conducta, amor, espíritu, fe y pureza" (1 Timoteo 4:12).
7. "Pero el que se une al Señor, un espíritu es con él. Huid de la fornicación. Cualquier otro pecado que el hombre cometa, está fuera del cuerpo; mas el que fornica, contra su propio cuerpo peca. ¿O ignoráis que vuestro cuerpo es templo del Espíritu Santo, el cual está en vosotros, el cual tenéis de Dios, y que no sois vuestros? Porque habéis sido comprados por precio; glorificad, pues, a Dios en vuestro cuerpo y en vuestro espíritu, los cuales son de Dios" (1 Corintios 6:17-20).

65

PROMISCUIDAD

Padre celestial, te agradezco por la autoridad que me has dado sobre el enemigo, que intenta poner a mi hija bajo la atadura de la promiscuidad.[1] Rompo toda atadura impía que ___________ pudiera tener con otra persona para que no esté en compañía de personas sexualmente inmorales.[2] Levanta un cerco de protección a su alrededor[3] para proteger sus afectos hacia el sexo opuesto. Esos afectos influirán sobre todas las áreas de su vida.[4]

Recuérdale que su interacción con los demás se reflejará en donde mora el Espíritu Santo, dentro de nosotros como Cuerpo de Cristo.[5] Haz que mi hija sea ejemplo para otros, en su conducta, amor, espíritu, fe y pureza.[6]

Gracias, Señor, por librarla de la promiscuidad para que se una a ti. Oro para que se aleje de los pecados sexuales y así no ofenda a su propio cuerpo, el cual te pertenece.[7] En el nombre de Jesús.

La Palabra de Dios declara

1. "Porque el pecado no se enseñoreará de vosotros; pues no estáis bajo la ley, sino bajo la gracia" (Romanos 6:14).
2. "Y Samuel dijo: ¿Se complace Jehová tanto en los holocaustos y víctimas, como en que se obedezca a las palabras de Jehová? Ciertamente el obedecer es mejor que los sacrificios, y el prestar atención que la grosura de los carneros" (1 Samuel 15:22).
3. "Recuérdales que se sujeten a los gobernantes y autoridades, que obedezcan, que estén dispuestos a toda buena obra" (Tito 3:1).
4. "Oye, hijo mío, la instrucción de tu padre, y no desprecies la dirección de tu madre" (Proverbios 1:8).
5. "Si quisiereis y oyereis, comeréis el bien de la tierra; si no quisiereis y fuereis rebeldes, seréis consumidos a espada; porque la boca de Jehová lo ha dicho" (Isaías 1:19-20).
6. "Y a ti te daré las llaves del reino de los cielos; y todo lo que atares en la tierra será atado en los cielos; y todo lo que desatares en la tierra será desatado en los cielos" (Mateo 16:19).
7. "Porque también para este fin os escribí, para tener la prueba de si vosotros sois obedientes en todo" (2 Corintios 2:9).
8. "...derribando argumentos y toda altivez que se levanta contra el conocimiento de Dios, y llevando cautivo todo pensamiento a la obediencia a Cristo" (2 Corintios 10:5).

66

Rebelión

Padre celestial, te agradezco porque has quebrado la rebelión en ____________ de acuerdo a tu Palabra. El pecado no se enseñoreará de mi hijo porque él está bajo tu gracia.[1] Mejor es la obediencia que el sacrificio,[2] y oro porque ______________ tenga una actitud de obediencia hacia sus maestros, la ley, hacia mí y hacia todos los que tengan autoridad sobre él.[3] Gracias porque mi hijo no es un necio que se resiste a los consejos.[4] Es obediente y disfruta de lo mejor que tú tienes para él. En el nombre de Jesús, mi hijo no será consumido en luchas como alguien que se resiste y rebela.[5]

Ato la rebelión en la vida de mi hijo y te doy gracias porque has declarado que todo lo que atemos en el mundo natural también será atado en el mundo espiritual.[6] Proclamo que mi hijo pasará las pruebas por venir, siendo obediente en todo.[7] Que con su actitud derribe argumentos llevando cautivo todo pensamiento a la obediencia a Cristo.[8] Amén.

La Palabra de Dios declara

1. "Mis razones declararán la rectitud de mi corazón, y lo que saben mis labios, lo hablarán con sinceridad" (Job 33:3).
2. "En cuanto a la pasada manera de vivir, despojaos del viejo hombre, que está viciado conforme a los deseos engañosos, y renovaos en el espíritu de vuestra mente, y vestíos del nuevo hombre, creado según Dios en la justicia y santidad de la verdad. Por lo cual, desechando la mentira, hablad verdad cada uno con su prójimo; porque somos miembros los unos de los otros" (Efesios 4:22-25).
3. "Y la lengua es un fuego, un mundo de maldad. La lengua está puesta entre nuestros miembros, y contamina todo el cuerpo, e inflama la rueda de la creación, y ella misma es inflamada por el infierno" (Santiago 3:6).
4. "…ni palabras deshonestas, ni necedades, ni truhanerías, que no convienen, sino antes bien acciones de gracias" (Efesios 5:4).
5. "Oíd, porque hablaré cosas excelentes, y abriré mis labios para cosas rectas. Porque mi boca hablará verdad, y la impiedad abominan mis labios" (Proverbios 8:6-7).

67

SARCASMO

Padre celestial, haz que las palabras de mi hija provengan de un corazón recto.[1] Que sea renovada en el espíritu de su mente.[2]

En el nombre de Jesús yo ato las actitudes equivocadas que promueven el sarcasmo. Proclamo que ___________se vista del nuevo hombre, creada según Dios en la justicia y santidad de la verdad, desechando la mentira y hablando verdad con su prójimo.[2] La lengua de mi hija no la contaminará, ni inflamará la rueda de la creación.[3]

Con el poder del Espíritu Santo, aleja a mi hija de palabras deshonestas, necedades, truhanerías, que no convienen, antes bien haz que sus palabras sean acciones de gracias.[4] Oro porque los demás la escuchen, porque hablará cosas excelentes, y abrirá sus labios para cosas rectas.[5] En el nombre de Jesús.

La Palabra de Dios declara

1. "Porque nada hay imposible para Dios" (Lucas 1:37).
2. "Y recorrió Jesús toda Galilea, enseñando en las sinagogas de ellos, y predicando el evangelio del reino, y sanando toda enfermedad y toda dolencia en el pueblo" (Mateo 4:23).
3. "Acerquémonos, pues, confiadamente al trono de la gracia, para alcanzar misericordia y hallar gracia para el oportuno socorro" (Hebreos 4:16).
4. "Jesucristo es el mismo ayer, y hoy, y por los siglos" (Hebreos 13:8).
5. "Y dijo: Si oyeres atentamente la voz de Jehová tu Dios, e hicieres lo recto delante de sus ojos, y dieres oído a sus mandamientos, y guardares todos sus estatutos, ninguna enfermedad de las que envié a los egipcios te enviaré a ti; porque yo soy Jehová tu sanador" (Éxodo 15:26).
6. "Mas él herido fue por nuestras rebeliones, molido por nuestros pecados; el castigo de nuestra paz fue sobre él, y por su llaga fuimos nosotros curados" (Isaías 53:5).
7. "Y si el Espíritu de aquel que levantó de los muertos a Jesús mora en vosotros, el que levantó de los muertos a Cristo Jesús vivificará también vuestros cuerpos mortales por su Espíritu que mora en vosotros" (Romanos 8:11).
8. "El da esfuerzo al cansado, y multiplica las fuerzas al que no tiene ningunas… pero los que esperan a Jehová tendrán nuevas fuerzas; levantarán alas como las águilas; correrán, y no se cansarán; caminarán, y no se fatigarán" (Isaías 40:29, 31).
9. "Y estas señales seguirán a los que creen: En mi nombre…sobre los enfermos pondrán sus manos, y sanarán" (Marcos 16:17-18).

68
SIDA

Querido Padre celestial, nada hay imposible para ti.[1] Tú sanas toda enfermedad.[2] Te alabo porque tú eres un Dios de milagros. Vengo confiadamente al trono de tu gracia, para alcanzar misericordia y hallar gracia para el oportuno socorro.[3]

Gracias por ser el mismo ayer, hoy y por los siglos.[4] Ahora mismo haz que tu virtud y poder sanador entren en el cuerpo de ____________, porque tú eres el Señor, nuestro Sanador.[5] Porque por tu llaga fuimos nosotros curados.[6]

¡Satanás, te ordeno quitar tus manos de mi hijo, en el nombre de Jesús! ¡SIDA, te ordeno quitar tus manos del cuerpo de mi hijo! ¡Ordeno al sistema inmunológico a alinearse con la Palabra de Dios y quedar sano ahora mismo, en el nombre de Jesús!

¡El mismo Espíritu que resucitó a Jesús de entre los muertos vive en mi hijo![7] La enfermedad no tiene derecho a habitar en el cuerpo de mi hijo. ¡Él está fuerte y sano en el nombre de Jesús![8] Te alabo, Jesús, por darnos tu poder sobre la enfermedad.[9] Amén.

La Palabra de Dios declara

1. "Y ellos le han vencido por medio de la sangre del Cordero y de la palabra del testimonio de ellos, y menospreciaron sus vidas hasta la muerte" (Apocalipsis 12:11).
2. "Esto recapacitaré en mi corazón, por lo tanto esperaré. Por la misericordia de Jehová no hemos sido consumidos, porque nunca decayeron sus misericordias. Nuevas son cada mañana; grande es tu fidelidad. Mi porción es Jehová, dijo mi alma; por tanto, en él esperaré" (Lamentaciones 3:21-24).
3. "El ladrón no viene sino para hurtar y matar y destruir; yo he venido para que tengan vida, y para que la tengan en abundancia" (Juan 10:10).
4. "Por lo demás, hermanos míos, fortaleceos en el Señor, y en el poder de su fuerza. Vestíos de toda la armadura de Dios, para que podáis estar firmes contra las asechanzas del diablo" (Efesios 6:10-11).
5. "Y la paz de Dios, que sobrepasa todo entendimiento, guardará vuestros corazones y vuestros pensamientos en Cristo Jesús" (Filipenses 4:7).
6. "Ni lo alto, ni lo profundo, ni ninguna otra cosa creada nos podrá separar del amor de Dios, que es en Cristo Jesús Señor nuestro" (Romanos 8:39).
7. "A ordenar que a los afligidos de Sión se les dé gloria en lugar de ceniza, óleo de gozo en lugar de luto, manto de alegría en lugar del espíritu angustiado; y serán llamados árboles de justicia, plantío de Jehová, para gloria suya" (Isaías 61:3).

69

Suicidio

Padre celestial, te agradezco porque mi hija derrota al poder del enemigo por medio de la sangre del Cordero y por la palabra de su testimonio.[1] Reprendo al espíritu de suicido y depresión que desean entrar en la mente de mi hija ________________, y declaro que su mente se llenará de esperanza al recordar tu gran amor y compasión. Haz que cada mañana despierte con una nueva revelación de tu amor, y que no se consuma en la desesperanza.[2] Haz que mi hija viva la vida en plenitud, derrotando el intento del enemigo de robarle, matarla o destruirla.[3]

Oro porque la fuerza de mi hija provenga de tu poder dentro de ella. Gracias por la armadura de Dios que le permite estar segura contra toda trampa y estrategia de Satanás.[4]

Gracias por tu paz que sobrepasa toda experiencia que mi hija tenga.[5] ¡Haz que ella reconozca que nada la puede separar de tu amor![6] ¡Te alabo porque se destruye el espíritu de angustia y ahora mi hija se viste con manto de alegría![7] En el nombre de Jesús.

La Palabra de Dios declara

1. "Lámpara es a mis pies tu palabra, y lumbrera a mi camino" (Salmo 119:105).
2. "No pondré delante de mis ojos cosa injusta. Aborrezco la obra de los que se desvían; ninguno de ellos se acercará a mí" (Salmo 101:3).
3. "Y por quien recibimos la gracia y el apostolado, para la obediencia a la fe en todas las naciones por amor de su nombre" (Romanos 1:5).
4. "Aparta mis ojos, que no vean la vanidad; avívame en tu camino" (Salmo 119:37).
5. "Mete el perezoso su mano en el plato; se cansa de llevarla a su boca" (Proverbios 26:15).
6. "…a fin de que no os hagáis perezosos, sino imitadores de aquellos que por la fe y la paciencia heredan las promesas" (Hebreos 6:12).
7. "Mas gracias sean dadas a Dios, que nos da la victoria por medio de nuestro Señor Jesucristo" (1 Corintios 15:57).

70

TELEVISIÓN

Padre celestial, gracias porque tu Palabra tiene precedencia sobre toda otra cosa en la vida de mi hijo. Le has dado tu Palabra como lámpara para que sus pies te sigan, y para que ilumine el camino que debe seguir en todas las áreas de su vida.[1] Oro porque __________ no mire cosas viles o cosas que contradigan la Palabra de Dios.[2] Oro porque sus propias convicciones le hagan ser obediente, porque su obediencia proviene de la fe.[3]

Aleja a ______________ del deseo de todo otro plan que no sea el tuyo, y reaviva su corazón hacia ti.[4] Que no sea como el perezoso que es demasiado haragán como para alimentarse de tu Palabra.[5] Oro porque no caiga en hábitos inútiles con la televisión, sino que imite a otros que caminan firmemente contigo.[6] ¡Gracias por tu victoria![7] En el nombre de Jesús.

La Palabra de Dios declara

1. "Y la paz de Dios, que sobrepasa todo entendimiento, guardará vuestros corazones y vuestros pensamientos en Cristo Jesús" (Filipenses 4:7).
2. "¿Quién nos separará del amor de Cristo? ¿Tribulación, o angustia, o persecución, o hambre, o desnudez, o peligro, o espada? ...Antes, en todas estas cosas somos más que vencedores por medio de aquel que nos amó (Romanos 8:35, 37).
3. "Vosotros sois de vuestro padre el diablo, y los deseos de vuestro padre queréis hacer. El ha sido homicida desde el principio, y no ha permanecido en la verdad, porque no hay verdad en él. Cuando habla mentira, de suyo habla; porque es mentiroso, y padre de mentira" (Juan 8:44).
4. "Porque Dios es el que en vosotros produce así el querer como el hacer, por su buena voluntad" (Filipenses 2:13).
5. "Porque no nos ha dado Dios espíritu de cobardía, sino de poder, de amor y de dominio propio" (2 Timoteo 1:7).
6. "Hermanos, yo mismo no pretendo haberlo ya alcanzado; pero una cosa hago: olvidando ciertamente lo que queda atrás, y extendiéndome a lo que está delante, prosigo a la meta, al premio del supremo llamamiento de Dios en Cristo Jesús" (Filipenses 3:13-14).
7. "Todo lo puedo en Cristo que me fortalece" (Filipenses 4:13).

71

Temor al fracaso

Señor, oro porque la paz de Cristo que sobrepasa todo entendimiento y lógica proteja el corazón y la mente de mi hija contra el temor al fracaso.[1] Gracias por tu promesa de que nada nos podrá separar de tu amor, que nos has hecho más que vencedores.[2]

Vengo contra Satanás, el padre de toda mentira.[3] En el nombre de Jesús, la mentira del fracaso deja de ser efectiva en la vida de ____________. Tú eres el único que obra en su vida. Tú eres el que en nosotros produce así el querer como el hacer, por tu buena voluntad.[4] Tú le has dado a mi hija espíritu de poder, de amor y dominio propio.[5]

Oro porque mi hija olvide sus fracasos y debilidades pasadas y para que avance hacia las cosas futuras que tú tienes guardadas para ella. Dale la fuerza para proseguir hacia la meta y ganar el premio.[6] Envuelve a mi hija en tus brazos alentadores. Hazle saber que contigo nada es imposible. ¡Todo lo puede ella en Cristo que la fortalece![7] Amén.

La Palabra de Dios declara

1. "Como ciudad derribada y sin muro es el hombre cuyo espíritu no tiene rienda" (Proverbios 25:28).
2. "Mas el fruto del Espíritu es amor, gozo, paz, paciencia, benignidad, bondad, fe, mansedumbre, templanza" (Gálatas 5:22-23).
3. "Mas por él estáis vosotros en Cristo Jesús, el cual nos ha sido hecho por Dios sabiduría, justificación, santificación y redención" (1 Corintios 1:30).
4. "Los hombres escarnecedores ponen la ciudad en llamas; mas los sabios apartan la ira" (Proverbios 29:8).
5. "El necio da rienda suelta a toda su ira, mas el sabio al fin la sosiega" (Proverbios 29:11).
6. "Si el espíritu del príncipe se exaltare contra ti, no dejes tu lugar; porque la mansedumbre hará cesar grandes ofensas" (Eclesiastés 10:4).
7. "Pero ahora dejad también vosotros todas estas cosas: ira, enojo, malicia, blasfemia, palabras deshonestas de vuestra boca" (Colosenses 3:8).
8. "También os rogamos, hermanos, que amonestéis a los ociosos, que alentéis a los de poco ánimo, que sostengáis a los débiles, que seáis pacientes para con todos. Mirad que ninguno pague a otro mal por mal; antes seguid siempre lo bueno unos para con otros, y para con todos" (1 Tesalonicenses 5:14-15).

72
Violencia

Padre, te pido que hagas de mi hijo una fortaleza de dominio propio, en lugar de una ciudad cuyas murallas pueden ser derribadas.[1] Llénalo con tu Espíritu para que pueda dar fruto de amor, gozo, paz, paciencia, amabilidad, bondad, fidelidad y dominio propio.[2] ¡No hay código social ni moral que pueda derrotar estas cosas en mi hijo!

Con la autoridad de Jesús, ato toda tentación del diablo en la vida de _____________ que lo induzca a violencia. Cristo ha sido hecho sabiduría por él,[3] y con tu ayuda mi hijo llegará a ser un hombre sabio que se aparta de la ira.[4]

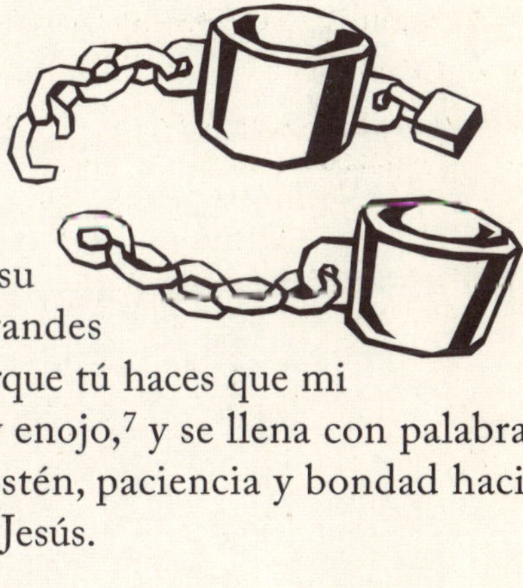

Me gozo porque mi hijo no es el necio que da rienda suelta a su furia, sino un hombre sabio que tiene dominio sobre ella.[5] En su mansedumbre hará cesar grandes ofensas.[6] Te alabo, Padre, porque tú haces que mi hijo se deshaga de toda ira y enojo,[7] y se llena con palabras de amonestación, aliento, sostén, paciencia y bondad hacia los demás.[8] En el nombre de Jesús.

Sección III

ORACIONES PARA RELACIONES

La Palabra de Dios declara

1. "Porque tú eres pueblo santo para Jehová tu Dios; Jehová tu Dios te ha escogido para serle un pueblo especial, más que todos los pueblos que están sobre la tierra" (Deuteronomio 7:6).
2. "Mas vosotros sois linaje escogido, real sacerdocio, nación santa, pueblo adquirido por Dios, para que anunciéis las virtudes de aquel que os llamó de las tinieblas a su luz admirable" (1 Pedro 2:9).
3. "Antes, en todas estas cosas somos más que vencedores por medio de aquel que nos amó" (Romanos 8:37).
4. "...para alabanza de la gloria de su gracia, con la cual nos hizo aceptos en el Amado" (Efesios 1:6).
5. "Y en los postreros días, dice Dios, derramaré de mi Espíritu sobre toda carne, y vuestros hijos y vuestras hijas profetizarán; vuestros jóvenes verán visiones, y vuestros ancianos soñarán sueños" (Hechos 2:17).
6. "Porque sol y escudo es Jehová Dios; gracia y gloria dará Jehová. No quitará el bien a los que andan en integridad" (Salmo 84:11).
7. "No erréis; las malas conversaciones corrompen las buenas costumbres" (1 Corintios 15:33).

73
Aceptación

Padre celestial, gracias por la vida de mi hija. Te agradezco que tengas favor para con mi hija.[1] La has llamado generación elegida, sacerdocio real y persona especial.[2] Gracias por hacer que mi hija sea aceptada entre amigos que te conocen.

¡Has hecho de ______________ más que vencedora![3] Te agradezco, Señor, por darle favor y aceptación, y te pido que tu aceptación se le revele de manera real.[4] Que sepa que es aceptada y necesitada para la cosecha de los últimos tiempos.[5]

Padre, tú has prometido que no quitarás el bien de mi hija.[6] Gracias por traer a la vida de mi hija buenos amigos que te siguen, cuya amistad y aceptación le ayudará a edificar su carácter.[7] En el nombre de Jesús.

LA PALABRA DE DIOS DECLARA

1. "El que no ama, no ha conocido a Dios; porque Dios es amor" (1 Juan 4:8).
2. "...y de conocer el amor de Cristo, que excede a todo conocimiento, para que seáis llenos de toda la plenitud de Dios" (Efesios 3:19).
3. "Un mandamiento nuevo os doy: Que os améis unos a otros; como yo os he amado, que también os améis unos a otros. En esto conocerán todos que sois mis discípulos, si tuviereis amor los unos con los otros" (Juan 13:34-35).
4. "Amaos los unos a los otros con amor fraternal; en cuanto a honra, prefiriéndoos los unos a los otros" (Romanos 12:10).
5. "No debáis a nadie nada, sino el amaros unos a otros; porque el que ama al prójimo, ha cumplido la ley" (Romanos 13:8).
6. "Porque vosotros, hermanos, a libertad fuisteis llamados; solamente que no uséis la libertad como ocasión para la carne, sino servíos por amor los unos a los otros" (Gálatas 5:13).
7. "...con toda humildad y mansedumbre, soportándoos con paciencia los unos a los otros en amor" (Efesios 4:2).
8. "Y la esperanza no avergüenza; porque el amor de Dios ha sido derramado en nuestros corazones por el Espíritu Santo que nos fue dado" (Romanos 5:5).
9. "Y considerémonos unos a otros para estimularnos al amor y a las buenas obras" (Hebreos 10:24).

74

Amarse el uno al otro

Padre celestial, tu Palabra nos declara que para amarnos los unos a los otros de verdad, debemos conocer ese amor que sientes tú por nosotros, ¡porque tú eres amor![1] Oro para que inundes el corazón de mi hijo con la revelación de tu amor; que lo viva y lo conozca como nunca antes,[2] permitiéndole amar a otros como tú lo amas a él. Entonces sus amigos sabrán que él es tu discípulo.[3] Oro porque mi hijo se consagre por los demás, prefiriéndolos a ellos antes que a sí mismo.[4]

Gracias porque ______________ cumple tu ley al seguir amando aún a aquellos que son más difíciles de amar.[5] Que nunca use la libertad que tú le diste como ocasión para la carne, sino para servir a otros desinteresadamente y con corazón puro.[6] Oro porque soporte con paciencia a todos y muestre tu amor.[7]

Padre, te alabo por el amor de Cristo que has derramado sobre mi hijo por medio de tu Espíritu Santo.[8] Oro porque le ayudes a estimular a otros a amar y hacer lo bueno.[9] En el nombre de Jesús.

La Palabra de Dios declara

1. "El que exhorta, en la exhortación; el que reparte, con liberalidad; el que preside, con solicitud; el que hace misericordia, con alegría" (Romanos 12:8).
2. "Porque irrevocables son los dones y el llamamiento de Dios" (Romanos 11:29).
3. "Por lo cual, animaos unos a otros, y edificaos unos a otros, así como lo hacéis" (1 Tesalonicenses 5:11).
4. "El alma generosa será prosperada; y el que saciare, él también será saciado" (Proverbios 11:25).
5. "También os rogamos, hermanos, que amonestéis a los ociosos, que alentéis a los de poco ánimo, que sostengáis a los débiles, que seáis pacientes para con todos. Mirad que ninguno pague a otro mal por mal; antes seguid siempre lo bueno unos para con otros, y para con todos" (1 Tesalonicenses 5:14-15).
6. "Y el mismo Jesucristo Señor nuestro, y Dios nuestro Padre, el cual nos amó y nos dio consolación eterna y buena esperanza por gracia" (2 Tesalonicenses 2:16).
7. "…retenedor de la palabra fiel tal como ha sido enseñada, para que también pueda exhortar con sana enseñanza y convencer a los que contradicen" (Tito 1:9).

75

Animar a otros

Gracias, Padre celestial por estar junto a mi hija y por alentarla cada día aún más. Oro porque el don de exhortación[1] aumente en la vida de _______________, porque tus dones y tu llamado son irrevocables.[2]

Oro porque ella exhorte a otros siempre y les levante el ánimo.[3] Porque al animar a otros, se animará a sí misma.[4] Aún el tímido y el débil serán inspirados por la paciencia y bondad de mi hija.[5]

Gracias, Padre, por la consolación eterna y buena esperanza que _____________ tiene en ti.[6] Fortalécela en cada palabra y acción para con los demás. Gracias porque ella dará ánimo a otros por medio de su fe firme y sólida.[7] En el nombre de Jesús.

La Palabra de Dios declara

1. "Confesaos vuestras ofensas unos a otros, y orad unos por otros, para que seáis sanados. La oración eficaz del justo puede mucho" (Santiago 5:16).

2. "Los pensamientos son frustrados donde no hay consejo; mas en la multitud de consejeros se afirman" (Proverbios 15:22).

3. "...no como teniendo señorío sobre los que están a vuestro cuidado, sino siendo ejemplos de la grey. Y cuando aparezca el Príncipe de los pastores, vosotros recibiréis la corona incorruptible de gloria. Igualmente, jóvenes, estad sujetos a los ancianos; y todos, sumisos unos a otros, revestíos de humildad; porque: Dios resiste a los soberbios, y da gracia a los humildes" (1 Pedro 5:3-5).

   "Y él me enseñaba, y me decía: Retenga tu corazón mis razones, guarda mis mandamientos, y vivirás" (Proverbios 4:4).

4. "Por nada estéis afanosos, sino sean conocidas vuestras peticiones delante de Dios en toda oración y ruego, con acción de gracias. Y la paz de Dios, que sobrepasa todo entendimiento, guardará vuestros corazones y vuestros pensamientos en Cristo Jesús" (Filipenses 4:6-7).

76

Apoyo

Padre celestial, te pido que yo pueda servir de apoyo como padre/madre para ____________. Ayúdame a ser sensible a las pruebas y tentaciones que él pueda estar enfrentando, y que con esa sensibilidad yo acepte la responsabilidad de orar efectivamente por él.[1]

Gracias por rodearle de amigos, familiares y líderes que le brindarán apoyo y aliento de acuerdo a tu Palabra.[2] Te alabo, Señor, porque las personas que tú le pones a su alrededor le ayudarán a formarse de acuerdo a tu imagen y le instruirán conforme a tu Espíritu.[3] Gracias, Señor, porque las decisiones y elecciones que haga mi hijo estarán templadas según tu Palabra, oración y sabiduría.[4] En el nombre de Jesús.

La Palabra de Dios declara

1. "En Judá también estuvo la mano de Dios para darles un solo corazón para cumplir el mensaje del rey y de los príncipes, conforme a la palabra de Jehová" (2 Crónicas 30:12).
2. "Hijos, obedeced en el Señor a vuestros padres, porque esto es justo. Honra a tu padre y a tu madre, que es el primer mandamiento con promesa; para que te vaya bien, y seas de larga vida sobre la tierra" (Efesios 6:1-3).
3. "Hijitos míos, no amemos de palabra ni de lengua, sino de hecho y en verdad" (1 Juan 3:18).
4. "Bienaventurados los pacificadores, porque ellos serán llamados hijos de Dios. Bienaventurados los que padecen persecución por causa de la justicia, porque de ellos es el reino de los cielos" (Mateo 5:9-10).
5. "Y aunque era Hijo, por lo que padeció aprendió la obediencia" (Hebreos 5:8).
6. "Cada uno temerá a su madre y a su padre, y mis días de reposo* guardaréis. Yo Jehová vuestro Dios" (Levítico 19:3).

77
AUTORIDAD

Padre celestial, haz que mi hija tenga un solo corazón para cumplir y honrar a quienes tienen autoridad sobre ella.[1] Que honre a su padre y a su madre para que tenga una larga vida y ricas bendiciones.[2]

Oro porque ___________ aprenda a amar verdaderamente a quienes tiene autoridad sobre ella, mostrando su amor diariamente por medio de sus actos.[3] Como hija de Dios, enséñale a luchar por la paz en todas las áreas, aún cuando se sienta perseguida.[4]

Haz que siga el sumo ejemplo de obediencia de Jesús a pesar de toda circunstancia adversa.[5] Que el respeto por la autoridad sea parte del estilo de vida de mi hija, a partir de este día.[6] En el nombre de Jesús.

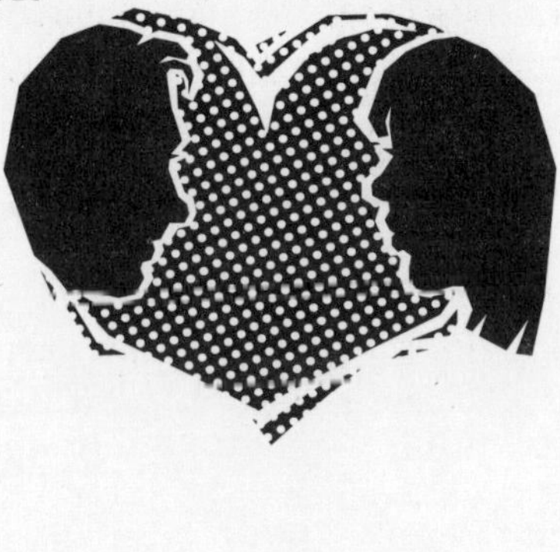

La Palabra de Dios declara

1. "Con cuerdas humanas los atraje, con cuerdas de amor; y fui para ellos como los que alzan el yugo de sobre su cerviz, y puse delante de ellos la comida" (Oseas 11:4).
2. "…en pureza, en ciencia, en longanimidad, en bondad, en el Espíritu Santo, en amor sincero" (2 Corintios 6:6).
3. "Vestíos, pues, como escogidos de Dios, santos y amados, de entrañable misericordia, de benignidad, de humildad, de mansedumbre, de paciencia" (Colosenses 3:12).
4. "Mas el fruto del Espíritu es amor, gozo, paz, paciencia, benignidad, bondad, fe, mansedumbre, templanza; contra tales cosas no hay ley" (Gálatas 5:22-23).
5. "¿O menosprecias las riquezas de su benignidad, paciencia y longanimidad, ignorando que su benignidad te guía al arrepentimiento?" (Romanos 2:4).
6. "…[Dios] nos salvó, no por obras de justicia que nosotros hubiéramos hecho, sino por su misericordia, por el lavamiento de la regeneración y por la renovación en el Espíritu Santo" (Tito 3:5).
7. "Vosotros también, poniendo toda diligencia por esto mismo, añadid a vuestra fe virtud; a la virtud, conocimiento; al conocimiento, dominio propio; al dominio propio, paciencia; a la paciencia, piedad; a la piedad, afecto fraternal; y al afecto fraternal, amor" (2 Pedro 1:5-7).
8. "Puesto que hoy se nos interroga acerca del beneficio hecho a un hombre enfermo, de qué manera éste haya sido sanado" (Hechos 4:9).

78
BONDAD

Gracias, Padre, por guiar a mi hijo con cuerdas de amor y bondad.[1] Te pido que siga siendo paciente y bueno para con todos, andando en tu Espíritu y expresando amor sincero.[2] Que se vista con misericordia, benignidad, humildad y mansedumbre.[3] Tu Espíritu dentro de él producirá el fruto de la bondad.[4]

Gracias por tu supremo ejemplo de bondad que guía a todos los hombres al arrepentimiento.[5] Que esa bondad se revele diariamente a ____________, recordándole que su salvación no es resultado de obras de justicia que él hubiera hecho, sino por tu misericordia y bondad.[6] Oro porque la fe de mi hijo sea fortalecida como resultado de practicar el amor fraternal en todo momento.[7] Que sus actos de bondad hagan que las vidas de quienes lo rodean sean sanadas.[8] En el nombre de Jesús.

La Palabra de Dios declara

1. "Y todos tus hijos serán enseñados por Jehová; y se multiplicará la paz de tus hijos" (Isaías 54:13).
2. "Y renovaos en el espíritu de vuestra mente, y vestíos del nuevo hombre, creado según Dios en la justicia y santidad de la verdad" (Efesios 4:23-24).
3. "Oirá el sabio, y aumentará el saber, y el entendido adquirirá consejo" (Proverbios 1:5).
4. "Por lo demás, hermanos, tened gozo, perfeccionaos, consolaos, sed de un mismo sentir, y vivid en paz; y el Dios de paz y de amor estará con vosotros" (2 Corintios 13:11).
5. "Por esto, mis amados hermanos, todo hombre sea pronto para oír, tardo para hablar, tardo para airarse" (Santiago 1:19).

79

Comunicación

Padre celestial, te agradezco que _______________ sea enseñada por tu Espíritu y gobernada por tu paz.[1] Gracias por renovar el espíritu de su mente que produce justicia y santidad de la verdad en su vida.[2]

Haz que preste atención y aprenda más sobre la comunicación efectiva con nuestra familia y con los demás. Aumenta su discernimiento para que sea guiado divinamente en toda acción.[3] Otórgale el deseo de perfeccionar su capacidad de comunicación para que sepa escuchar, para que sea de un mismo sentir y viva en paz con todos.[4] Ayúdale para que sea pronto para oír, tardo para hablar y tardo para airarse.[5] ¡En el nombre de Jesús!

La Palabra de Dios declara

1. "Porque no nos ha dado Dios espíritu de cobardía, sino de poder, de amor y de dominio propio" (2 Timoteo 1:7).
2. "¡Mirad cuán bueno y cuán delicioso es habitar los hermanos juntos en armonía!" (Salmo 133:1).
3. "Buena es la sal; mas si la sal se hace insípida, ¿con qué la sazonaréis? Tened sal en vosotros mismos; y tened paz los unos con los otros" (Marcos 9:50).
4. "Por tanto, recibíos los unos a los otros, como también Cristo nos recibió, para gloria de Dios" (Romanos 15:7).
5. "Seguid la paz con todos, y la santidad, sin la cual nadie verá al Señor" (Hebreos 12:14).

80

Conflicto

Padre celestial, gracias por darle a mi hijo espíritu de poder, amor y dominio propio.[1] Sé que es tu voluntad que viva en paz entre sus amigos. Es bueno y agradable ante ti vivir en unidad y en paz con los demás.[2] Oro porque __________ no abandone el poder del evangelio viviendo en enemistad con otros, sino que permita que el efecto preservador de tu Espíritu Santo obre en él.[3]

Te doy gracias por ayudar a mi hijo a resolver los conflictos de su vida obrando en él para aceptar a los demás, así como tú lo has aceptado a él.[4] Ayuda a mi hijo a hacer el esfuerzo que se requiere para vivir en paz con todas las personas.[5] En el nombre de Jesús.

La Palabra de Dios declara

1. "...sabiendo esto, que nuestro viejo hombre fue crucificado juntamente con él, para que el cuerpo del pecado sea destruido, a fin de que no sirvamos más al pecado" (Romanos 6:6).
2. "Porque no tenemos un sumo sacerdote que no pueda compadecerse de nuestras debilidades, sino uno que fue tentado en todo según nuestra semejanza, pero sin pecado. Acerquémonos, pues, confiadamente al trono de la gracia, para alcanzar misericordia y hallar gracia para el oportuno socorro" (Hebreos 4:15-16).
3. "...sino vestíos del Señor Jesucristo, y no proveáis para los deseos de la carne" (Romanos 13:14).
4. "Pero los que son de Cristo han crucificado la carne con sus pasiones y deseos" (Gálatas 5:24).
5. "No os conforméis a este siglo, sino transformaos por medio de la renovación de vuestro entendimiento, para que comprobéis cuál sea la buena voluntad de Dios, agradable y perfecta" (Romanos 12:2).
6. "...derribando argumentos y toda altivez que se levanta contra el conocimiento de Dios, y llevando cautivo todo pensamiento a la obediencia a Cristo" (2 Corintios 10:5).
7. "Por lo demás, hermanos, todo lo que es verdadero, todo lo honesto, todo lo justo, todo lo puro, todo lo amable, todo lo que es de buen nombre; si hay virtud alguna, si algo digno de alabanza, en esto pensad" (Filipenses 4:8).

81

Control de sus deseos sexuales

Padre celestial, gracias porque los deseos de pecado de mi hija fueron clavados en la cruz con Jesús. La naturaleza en ella que ama el pecado fue aplastada y fatalmente herida. Su cuerpo ya no está bajo el control del pecado y ya no necesita vivir siendo esclava del pecado.[1] Gracias por la ayuda que Jesús brinda para resistir la tentación,[2] así ni tiene que hacer planes para satisfacer sus deseos pecaminosos.[3] Glorifico tu santo nombre por clavar los deseos de pecado y de la carne de mi hija en la cruz donde fueron crucificados.[4]

Gracias, Padre, por renovar la mente de ________ por medio de tu Palabra.[5] Haz que mi hija te permita llevar cautivos todos sus pensamientos e imaginación a la obediencia a Cristo.[6] Enfoca sus pensamientos en todo lo que es verdadero, honesto, justo, puro, amable, de buen nombre, virtud y alabanza.[7] En el nombre de Jesús.

La Palabra de Dios declara

1. "El que anda en chismes descubre el secreto; mas el de espíritu fiel lo guarda todo" (Proverbios 11:13).
2. "Sin leña se apaga el fuego, y donde no hay chismoso, cesa la contienda" (Proverbios 26:20).
3. "Sean gratos los dichos de mi boca y la meditación de mi corazón delante de ti, oh Jehová, roca mía, y redentor mío" (Salmo 19:14).
4. "Ninguna palabra corrompida salga de vuestra boca, sino la que sea buena para la necesaria edificación, a fin de dar gracia a los oyentes" (Efesios 4:29).
5. "...ni palabras deshonestas, ni necedades, ni truhanerías, que no convienen, sino antes bien acciones de gracias" (Efesios 5:4).
6. "Mas evita profanas y vanas palabrerías, porque conducirán más y más a la impiedad" (2 Timoteo 2:16).
7. "Con ella bendecimos al Dios y Padre, y con ella maldecimos a los hombres, que están hechos a la semejanza de Dios" (Santiago 3:9).

82

CHISME

Padre celestial, oro que tú guardarás a mi hijo siendo digno de confianza, manteniendo toda confidencia que tenga con otros, y no andando en chismes descubriendo el secreto.[1] Oro porque ___________ aprenda a mantenerse alejado de las peleas de otros para no agregar más leña al fuego.[2] Que las palabras de su boca y las meditaciones de su corazón sean agradables a ti.[3]

Oro porque mi hijo no permita que de sus labios salga palabra impía, sino que sólo hable aquello que ayude a la edificación de otros según su necesidad. Haz que sus palabras beneficien a quienes lo escuchen.[4] Te doy gracias porque él reemplaza la palabra necia por la de acción dc gracias.[5] Λyúdalc a evitar el chisme, sea que lo escuche o lo hable.[6] ¡Que utilice su boca para alabar a Dios y edificar a los demás solamente![7] En el nombre de Jesús.

La Palabra de Dios declara

1. "Porque tú, oh Jehová, bendecirás al justo; como con un escudo lo rodearás de tu favor" (Salmo 5:12).
2. "Amaos los unos a los otros con amor fraternal; en cuanto a honra, prefiriéndoos los unos a los otros" (Romanos 12:10).
3. "[El amor] no hace nada indebido, no busca lo suyo, no se irrita, no guarda rencor" (1 Corintios 13:5).
4. "El hombre que tiene amigos ha de mostrarse amigo; y amigo hay más unido que un hermano" (Proverbios 18:24).
5. "Y la esperanza no avergüenza; porque el amor de Dios ha sido derramado en nuestros corazones por el Espíritu Santo que nos fue dado" (Romanos 5:5).
6. "Nuestro socorro está en el nombre de Jehová, que hizo el cielo y la tierra" (Salmo 124:8).
7. "Jehová es justo; cortó las coyundas de los impíos" (Salmo 129:4).
8. "Aun el hombre de mi paz, en quien yo confiaba, el que de mi pan comía, alzó contra mí el calcañar. Mas tú, Jehová, ten misericordia de mí, y hazme levantar, y les daré el pago. En esto conoceré que te he agradado, que mi enemigo no se huelgue de mí" (Salmo 41:9-11).
9. "Pero yo os digo: Amad a vuestros enemigos, bendecid a los que os maldicen, haced bien a los que os aborrecen, y orad por los que os ultrajan y os persiguen" (Mateo 5:44).

83

Deslealtad por parte de amigos

Padre celestial, gracias por rodear a mi hija con un escudo de favor para que pueda hacer amigos fácilmente.[1] Oro porque tú la mantengas consagrada a sus amistades en amor fraternal, prefiriéndolos a ellos antes que a sí misma.[2]

Guárdala de la ofensa aún cuando otros la ofendan.[3] Ayúdala a ver que aunque algunas personas sólo fingen ser amigos, tú eres Aquel que permanece más unido que un hermano.[4] Su seguridad descansa en ti, porque tú eres quien la ayuda. Tú eres su gloria y el que levantas su cabeza, derramando tu amor en su corazón.[5]

Cuando los amigos de __________ le sean desleales, tú serás su socorro,[6] porque has cortado las cuerdas que le ataban de los engañosos.[7] Gracias por tu misericordia y fortaleza, que le asiste cuando los amigos más cercanos y en quienes más confía, parecen rechazar su amistad. Tú te complacerás en mi hija y sus enemigos no triunfarán ni tomarán ventaja de ella.[8] Recuérdale amar a sus enemigos y orar por quienes le persiguen.[9] En el nombre de Jesús.

La Palabra de Dios declara

1. "Y vosotros, padres, no provoquéis a ira a vuestros hijos, sino criadlos en disciplina y amonestación del Señor" (Efesios 6:4).
2. "No que lo haya alcanzado ya, ni que ya sea perfecto; sino que prosigo, por ver si logro asir aquello para lo cual fui también asido por Cristo Jesús" (Filipenses 3:12).
3. "Para recibir el consejo de prudencia, justicia, juicio y equidad" (Proverbios 1:3).
4. "Instruye al niño en su camino, y aun cuando fuere viejo no se apartará de él" (Proverbios 22:6).
5. "Porque Jehová al que ama castiga, como el padre al hijo a quien quiere" (Proverbios 3:12).
6. "El morirá por falta de corrección, y errará por lo inmenso de su locura" (Proverbios 5:23).
7. "Porque el mandamiento es lámpara, y la enseñanza es luz, y camino de vida las reprensiones que te instruyen" (Proverbios 6:23).
8. "El ladrón no viene sino para hurtar y matar y destruir; yo he venido para que tengan vida, y para que la tengan en abundancia" (Juan 10:10).

84

Disciplina

Padre celestial, te alabo por enseñarme cómo criar a mi hijo en disciplina y amonestación del Señor.[1] Ayúdame a mostrarle el camino y el rumbo que tú has preparado para su vida, y así él pueda asirse de su destino eterno.[2]

Gracias por enviar tu Palabra que le ayuda a adquirir el propósito divino para su vida, el cual produce un estilo de vida disciplinado.[3] Oro porque ____________ entenderá la necesidad de la disciplina en su propia vida, y que no se apartará de las enseñanzas y la disciplina que está aprendiendo en nuestro hogar.[4]

Tú te complaces con ________ y utilizas la disciplina en nuestro hogar como la manera de mostrarle tu amor.[5] En el nombre de Jesús, mi hijo no se desviará a causa de necedad ni morirá espiritualmente por falta de disciplina.[6] Gracias porque la disciplina es el camino a la vida.[7] Otórgale a mi hijo una vida abundante y plena.[8] Amén.

La Palabra de Dios declara

1. "Porque los que son de la carne piensan en las cosas de la carne; pero los que son del Espíritu, en las cosas del Espíritu" (Romanos 8:5).
2. "Por lo cual también nosotros, desde el día que lo oímos, no cesamos de orar por vosotros, y de pedir que seáis llenos del conocimiento de su voluntad en toda sabiduría e inteligencia espiritual, para que andéis como es digno del Señor, agradándole en todo, llevando fruto en toda buena obra, y creciendo en el conocimiento de Dios; fortalecidos con todo poder, conforme a la potencia de su gloria, para toda paciencia y longanimidad; con gozo dando gracias al Padre que nos hizo aptos para participar de la herencia de los santos en luz" (Colosenses 1:9-12).
3. "Así que, hermanos, os ruego por las misericordias de Dios, que presentéis vuestros cuerpos en sacrificio vivo, santo, agradable a Dios, que es vuestro culto racional" (Romanos 12:1).
4. "Completad mi gozo, sintiendo lo mismo, teniendo el mismo amor, unánimes, sintiendo una misma cosa" (Filipenses 2:2).

85

Expresión de afecto

Padre celestial, gracias porque ____________ vive de acuerdo a tu Espíritu Santo, y piensa en las cosas del Espíritu.[1] Oro para que la expresión de afecto de mi hija en sus relaciones haga que sus amigos vivan vidas dignas del Señor. Que tanto ella como su amigo íntimo agraden al Señor con sus acciones. Que su relación lleve fruto espiritual, mientras se fortalecen con el poder de Dios, haciéndose aptos para participar de la herencia de Dios.[2]

Oro para que ______________ presente su cuerpo y sus expresiones de afecto como sacrificio vivo, santo y agradable a Dios como acto de adoración espiritual.[3] Y pido que cada una de sus relaciones con amigos íntimos muestre las cualidades divinas de amor por ti y unanimidad de espíritu y propósito.[4] En el nombre de Jesús.

La Palabra de Dios declara

1. "Pero la sabiduría que es de lo alto es primeramente pura, después pacífica, amable, benigna, llena de misericordia y de buenos frutos, sin incertidumbre ni hipocresía" (Santiago 3:17).
2. "Da, pues, a tu siervo corazón entendido para juzgar a tu pueblo, y para discernir entre lo bueno y lo malo; porque ¿quién podrá gobernar este tu pueblo tan grande?" (1 Reyes 3:9).
3. "Jehová te pastoreará siempre, y en las sequías saciará tu alma, y dará vigor a tus huesos; y serás como huerto de riego, y como manantial de aguas, cuyas aguas nunca faltan" (Isaías 58:11).
4. "...sabiendo que la prueba de vuestra fe produce paciencia. Mas tenga la paciencia su obra completa, para que seáis perfectos y cabales, sin que os falte cosa alguna" (Santiago 1:3-4).
5. "Y de igual manera el Espíritu nos ayuda en nuestra debilidad; pues qué hemos de pedir como conviene, no lo sabemos, pero el Espíritu mismo intercede por nosotros con gemidos indecibles. Mas el que escudriña los corazones sabe cuál es la intención del Espíritu, porque conforme a la voluntad de Dios intercede por los santos" (Romanos 8:26-27).
6. "El que halla esposa halla el bien, y alcanza la benevolencia de Jehová" (Proverbios 18:22).

86
Encontrar su pareja

Padre celestial, te agradezco por darle a mi hijo sabiduría pura, pacífica, amable, benigna, llena de misericordia y de buenos frutos, sin incertidumbre ni hipocresía.[1] Que esas características se destaquen en su vida y en la vida de su futura compañera. Ayúdale a tener un corazón entendido, a discernir entre lo bueno y lo malo en el carácter de las personas.[2]

Gracias por guiar a ______________ continuamente en su preparación para ser un cónyuge. Haz que sea como huerto de riego, y como manantial de aguas, cuyas aguas nunca faltan.[3] Permite que la prueba de su fe produzca perseverancia para que pueda madurar y ser pleno, sin que nada le falte.[4]

Padre, afirma en mi hijo que el Espíritu lo ayuda en su debilidad; que el Espíritu mismo intercede por él aun con gemidos indecibles. Escudriña su corazón para que pueda saber cuál es la intención del Espíritu, el cual intercede conforme a la voluntad de Dios para el matrimonio.[5] Gracias por cuidar de él y porque encontrará un buen cónyuge, obteniendo de ti bendiciones y favor.[6] Amén.

La Palabra de Dios declara

1. "...echando toda vuestra ansiedad sobre él, porque él tiene cuidado de vosotros" (1 Pedro 5:7).
2. "El amor es paciente, es bondadoso. El amor no es envidioso ni jactancioso ni orgulloso. No se comporta con rudeza, no es egoísta, no se enoja fácilmente, no guarda rencor. El amor no se deleita en la maldad sino que se regocija con la verdad. Todo lo disculpa, todo lo cree, todo lo espera, todo lo soporta. El amor jamás se extingue, mientras que el don de profecía cesará, el de lenguas será silenciado y el de conocimiento desaparecerá" (1 Corintios 13:4-8 NVI).
3. "Sobre toda cosa guardada, guarda tu corazón; porque de él mana la vida" (Proverbios 4:23).
4. "...y tu corazón se conmovió, y te humillaste delante de Dios al oír sus palabras sobre este lugar y sobre sus moradores, y te humillaste delante de mí, y rasgaste tus vestidos y lloraste en mi presencia, yo también te he oído, dice Jehová" (2 Crónicas 34:27).
5. "...sino el interno, el del corazón, en el incorruptible ornato de un espíritu afable y apacible, que es de grande estima delante de Dios" (1 Pedro 3:4).
6. "Porque Dios es el que en vosotros produce así el querer como el hacer, por su buena voluntad" (Filipenses 2:13).

87

Futuro cónyuge

Padre celestial, traigo ante ti al futuro cónyuge de mi hija. Tú tienes especial cuidado por cada detalle de la vida de él.[1] Gracias por prepararlo en esa clase de amor. En el nombre de Jesús, declaro que él es paciente, bondadoso, nunca envidioso ni jactancioso ni orgulloso. Él no se comporta con rudeza, no es egoísta, ni se enoja fácilmente, no guarda rencor. Él no se deleita en la maldad sino que se regocija con la verdad. Él siempre todo lo disculpa, todo lo cree, todo lo espera, todo lo soporta. ¡Tu amor hace que él esté en victoria en todo tiempo![2] Te pido que guardes y protejas su corazón de las ofensas que pudieran atravesarse en su camino.[3] Mantén su corazón tierno y atento a ti.[4]

¡Gracias por el buen corazón que tú le has dado, con el atractivo perdurable de un espíritu afable y apacible, que es de grande estima delante de ti![5] Tú estás obrando ahora mismo para producir en él el querer como el hacer de acuerdo al buen propósito que tienes para él y para mi hija como matrimonio.[6] En el nombre de Jesús.

LA PALABRA DE DIOS DECLARA

1. "Hijos, obedeced en el Señor a vuestros padres, porque esto es justo. Honra a tu padre y a tu madre, que es el primer mandamiento con promesa; para que te vaya bien, y seas de larga vida sobre la tierra" (Efesios 6:1-3).
2. "Recuérdales que se sujeten a los gobernantes y autoridades, que obedezcan, que estén dispuestos a toda buena obra" (Tito 3:1).
3. "...sabiendo que del Señor recibiréis la recompensa de la herencia, porque a Cristo el Señor servís" (Colosenses 3:24).
4. "Haced todo sin murmuraciones y contiendas, para que seáis irreprensibles y sencillos, hijos de Dios sin mancha en medio de una generación maligna y perversa, en medio de la cual resplandecéis como luminares en el mundo" (Filipenses 14:15).
5. "Sean gratos los dichos de mi boca y la meditación de mi corazón delante de ti, oh Jehová, roca mía, y redentor mío" (Salmo 19:14).
6. "Vuestra gentileza sea conocida de todos los hombres. El Señor está cerca" (Filipenses 4:5).
7. "Hijitos míos, no amemos de palabra ni de lengua, sino de hecho y en verdad" (1 Juan 3:18).

88

HONOR

Padre celestial, dale a mi hijo un corazón que quiera no sólo obedecernos como padres, sino respetarnos y honrarnos también. Te agradezco por la enorme bendición que estás derramando en su vida por ello.[1]

Haz que ___________ sea obediente, deseoso de hacer lo bueno.[2] Ayúdale a esforzarse y a trabajar con alegría en todo lo que haga, como si estuviera trabajando para ti.[3] Dale la actitud de siervo, que todo lo hace sin quejas ni protestas, siendo irreprensible y sencillo, sin mancha en medio de una generación maligna y perversa.[4]

Que las palabras que salgan de la boca de mi hijo, y más aun los pensamientos que guarda, sean agradables a ti.[5] Oro porque su corazón sea desinteresado y considerado con los suyos y con todos los miembros de su familia.[6] Gracias por permitir que tu amor brille en su vida, lo cual hace que él ame a los demás, no sólo en palabras sino en acciones y motivos puros.[7] En el nombre de Jesús.

La Palabra de Dios declara

1. "Y no nos metas en tentación, mas líbranos del mal" (Mateo 6:13).
2. "[Padre] el cual nos ha librado de la potestad de las tinieblas, y trasladado al reino de su amado Hijo" (Colosenses 1:13).
3. "La noche está avanzada, y se acerca el día. Desechemos, pues, las obras de las tinieblas, y vistámonos las armas de la luz. Andemos como de día, honestamente; no en glotonerías y borracheras, no en lujurias y lascivias, no en contiendas y envidia" (Romanos 13:12-13).
4. "Por lo demás, hermanos míos, fortaleceos en el Señor, y en el poder de su fuerza" (Efesios 6:10).
5. "¿No le has cercado alrededor a él y a su casa y a todo lo que tiene? Al trabajo de sus manos has dado bendición; por tanto, sus bienes han aumentado sobre la tierra" (Job 1:10).
6. "Porque algunos hombres han entrado encubiertamente, los que desde antes habían sido destinados para esta condenación, hombres impíos, que convierten en libertinaje la gracia de nuestro Dios, y niegan a Dios el único soberano, y a nuestro Señor Jesucristo" (Judas 4).
7. "Pues la voluntad de Dios es vuestra santificación; que os apartéis de fornicación" (1 Tesalonicenses 4:3).
8. "Haced morir, pues, lo terrenal en vosotros: fornicación, impureza, pasiones desordenadas, malos deseos y avaricia, que es idolatría" (Colosenses 3:5).
9. "Así que, si el Hijo os libertare, seréis verdaderamente libres" (Juan 8:36).

89

Inmoralidad

Te alabo, Padre celestial, por tu poder que nos libra de caer en tentación.[1] Gracias por trasladar a mi hija del reino de las tinieblas al reino de tu luz.[2] Tú eres su armadura de luz, que le permite conducirse decentemente, alejándose de toda inmoralidad en sus relaciones.[3] Padre, te pido que mantengas a mi hija firme en ti.[4]

Oro porque erijas un cerco de protección alrededor de ______________, y pido tu protección contra toda persona, lugar o cosa que intente destruirla.[5] Permite que sienta tu gracia alrededor de ella, y que jamás utilice esa gracia como licencia para lo inmoral, negando a Jesús.[6] Que siga tu voluntad que es la santificación.[7] Oro porque mi hija ponga a muerte todo aquello que pertenece a su naturaleza terrenal, incluyendo la fornicación, impureza, pasiones desordenadas, malos deseos y avaricia.[8]

Te alabo porque mi hija anda en la libertad que tú compraste para ella.[9] En el nombre de Jesús.

La Palabra de Dios declara

1. "Porque Dios es el que en vosotros produce así el querer como el hacer, por su buena voluntad" (Filipenses 2:13).
2. "Oye, hijo mío, y recibe mis razones, y se te multiplicarán años de vida" (Proverbios 4:10).
3. "Venid a mí todos los que estáis trabajados y cargados, y yo os haré descansar" (Mateo 11:28).
4. "¿O ignoráis que vuestro cuerpo es templo del Espíritu Santo, el cual está en vosotros, el cual tenéis de Dios, y que no sois vuestros?" (1 Corintios 6:19).
5. "En esto me desperté, y vi, y mi sueño me fue agradable" (Jeremías 31:26).

90

LÍMITES

Padre celestial, gracias por obrar en los deseos de mi hijo para que pueda seguir tu voluntad y actuar como tú deseas que lo haga.[1] Oro porque __________ no desafíe los límites de mi autoridad cuando se trata de horarios de regreso a casa, sino que los respete y viva una vida de bendición.[2] Muéstrale que al ser fiel en esto, recibirá mayor responsabilidad.

Oro porque mi hijo se esfuerce por descansar en su vida como tú lo deseas,[3] sin cometer la torpeza de salir y querer regresar lo más tarde posible. Espíritu Santo, recuérdale cuidar de su cuerpo físico, porque es tu templo.[4] Gracias, Señor, por darle a mi hijo un sueño reparador y agradable,[5] porque te respeta y honra con su vida. Amén.

La Palabra de Dios declara

1. "El que rescata del hoyo tu vida, el que te corona de favores y misericordias" (Salmo 103:4).
2. "Y el Dios de esperanza os llene de todo gozo y paz en el creer, para que abundéis en esperanza por el poder del Espíritu Santo" (Romanos 15:13).
3. "Porque si cayeren, el uno levantará a su compañero; pero ¡ay del solo! que cuando cayere, no habrá segundo que lo levante [...] Y si alguno prevaleciere contra uno, dos le resistirán; y cordón de tres dobleces no se rompe pronto" (Eclesiastés 4:10, 12).
4. "Sobrellevad los unos las cargas de los otros, y cumplid así la ley de Cristo" (Gálatas 6:2).
5. "Y el segundo es semejante: Amarás a tu prójimo como a ti mismo" (Mateo 22:39).
6. "No juzguéis, y no seréis juzgados; no condenéis, y no seréis condenados; perdonad, y seréis perdonados. Dad, y se os dará; medida buena, apretada, remecida y rebosando darán en vuestro regazo; porque con la misma medida con que medís, os volverán a medir" (Lucas 6:37-38).
7. "En esto hemos conocido el amor, en que él puso su vida por nosotros; también nosotros debemos poner nuestras vidas por los hermanos [...] Hijitos míos, no amemos de palabra ni de lengua, sino de hecho y en verdad" (1 Juan 3:16, 18).

91

Llevar las cargas de otros

Padre, gracias porque ___________ está coronada de favor y misericordia,[1] lo que le permite ayudar a otros. Gracias por el poder del Espíritu Santo en mi hija, que la llena de gozo y de paz, y de la esperanza que naturalmente se acerca hacia los que la rodean.[2]

Oro que cuando uno de sus amigos caiga, ella lo ayude a levantarse, defendiendo a su amigo del ataque del diablo.[3] Ayúdale para que ella pueda ayudar a los demás a llevar su carga, cumpliendo así la ley de Cristo[4] que dice: "Amarás a tu prójimo como a ti mismo".[5] Al hacerlo, también te agradezco porque otros harán lo mismo por ella.[6]

Gracias porque tu amor le enseña a mi hija a amar, no sólo de palabra sino por medio de sus obras. Enséñale a dar la vida por sus amigos.[7] Amén.

La Palabra de Dios declara

1. "Y la esperanza no avergüenza; porque el amor de Dios ha sido derramado en nuestros corazones por el Espíritu Santo que nos fue dado" (Romanos 5:5).
2. "[El amor] no hace nada indebido, no busca lo suyo, no se irrita, no guarda rencor [...] Todo lo sufre, todo lo cree, todo lo espera, todo lo soporta" (1 Corintios 23:5, 7).
3. "Tu siervo soy yo, dame entendimiento para conocer tus testimonios" (Salmo 119:125).
4. "Hijo mío, no se aparten estas cosas de tus ojos; guarda la ley y el consejo" (Proverbios 3:21).
5. "El alma sin ciencia no es buena, y aquel que se apresura con los pies, peca" (Proverbios 19:2).
6. "Aumentarás mi grandeza, y volverás a consolarme" (Salmo 71:21).
7. "Y no sólo esto, sino que también nos gloriamos en las tribulaciones, sabiendo que la tribulación produce paciencia; y la paciencia, prueba; y la prueba, esperanza; y la esperanza no avergüenza; porque el amor de Dios ha sido derramado en nuestros corazones por el Espíritu Santo que nos fue dado" (Romanos 5:3-5).

92

Malos entendidos

Padre celestial, gracias por tu amor derramado grandemente en el corazón de mi hijo.[1] Ese amor hace que sea tardo para la ira, dispuesto a creer lo mejor de los demás, y pronto para evitar malos entendidos.[2] Gracias por darle discernimiento.[3] Oro para que ____________ guarde la ley y el consejo en toda situación.[4] Guarda a mi hijo de apresurarse a llegar a conclusiones, para que no dañe su relación con su familia y sus amigos.[5]

Consuélalo y aumenta su entendimiento para no sea víctima de malos entendidos.[6] Padre, ¡ayúdale a gozarse en medio del sufrimiento que produce paciencia, prueba y esperanza en ti, para que jamás se desaliente![7] En el nombre de Jesús.

La Palabra de Dios declara

1. “Antes, en todas estas cosas somos más que vencedores por medio de aquel que nos amó” (Romanos 8:37).
2. “No nos hagamos vanagloriosos, irritándonos unos a otros, envidiándonos unos a otros” (Gálatas 5:26).
3. “El amor es sufrido, es benigno; el amor no tiene envidia, el amor no es jactancioso, no se envanece” (1 Corintios 13:4).
4. “Integridad y rectitud me guarden, porque en ti he esperado” (Salmo 25:21).
5. “…derribando argumentos y toda altivez que se levanta contra el conocimiento de Dios, y llevando cautivo todo pensamiento a la obediencia a Cristo” (2 Corintios 10:5).
6. “Sino vestíos del Señor Jesucristo, y no proveáis para los deseos de la carne” (Romanos 13:14).
7. “Gozaos con los que se gozan; llorad con los que lloran. Unánimes entre vosotros; no altivos, sino asociándoos con los humildes. No seáis sabios en vuestra propia opinión” (Romanos 12:15-16).

93

Manejo de celos

Padre celestial, te pido que por medio del amor de Cristo, mi hija sea más que vencedora sobre los celos en sus relaciones.[1] No permitas que se hinche de orgullo o sea tan vana como caer en toda trampa de envidia y celos.[2] Derrama tu amor sobre ________________, amor que no es celoso, no tiene envidia, no es jactancioso ni orgulloso.[3]

Protégela de los celos con integridad y carácter. Haz que ponga su esperanza en ti ante todo.[4] Padre, haz que tome autoridad sobre todo pensamiento de celos, llevándolos cautivos a la obediencia a Cristo.[5] Que se vista de Cristo, sin pensar en la gratificación de su naturaleza pecadora mediante los celos.[6] Que se goce con quien se goza y llore con quien llora, viviendo en armonía con todos.[7] En el nombre de Jesús.

La Palabra de Dios declara

1. "Y por quien recibimos la gracia y el apostolado, para la obediencia a la fe en todas las naciones por amor de su nombre" (Romanos 1:5).
2. "De modo que quien se opone a la autoridad, a lo establecido por Dios resiste; y los que resisten, acarrean condenación para sí mismos" (Romanos 13:2).
3. "Y vendrán sobre ti todas estas bendiciones, y te alcanzarán, si oyeres la voz de Jehová tu Dios. Bendito serás tú en la ciudad, y bendito tú en el campo. Bendito el fruto de tu vientre, el fruto de tu tierra, el fruto de tus bestias, la cría de tus vacas y los rebaños de tus ovejas. Benditas serán tu canasta y tu artesa de amasar. Bendito serás en tu entrar, y bendito en tu salir. Jehová derrotará a tus enemigos que se levantaren contra ti; por un camino saldrán contra ti, y por siete caminos huirán de delante de ti. Jehová te enviará su bendición sobre tus graneros, y sobre todo aquello en que pusieres tu mano; y te bendecirá en la tierra que Jehová tu Dios te da" (Deuteronomio 28:2-8).
4. "Hijos, obedeced en el Señor a vuestros padres, porque esto es justo. Honra a tu padre y a tu madre, que es el primer mandamiento con promesa; para que te vaya bien, y seas de larga vida sobre la tierra" (Efesios 6:1-3).

94

Obediencia

Querido Padre celestial, te pido que mi hijo ande en obediencia a ti, obedeciendo tu plan por causa de su fe.[1] Haz que vea que cuando desobedece las reglas de nuestro hogar, está eligiendo acarrear condenación para sí mismo.[2]

Te alabo por establecer claramente las bendiciones para quienes te obedecen. Te agradezco porque en tanto elija obedecerte, será bendecido dondequiera que la vida lo lleve. Hasta sus hijos serán bendecidos por la obediencia de él, y jamás andarán en necesidad. En su salida y en su entrada, tú le bendecirás continuamente. Toda su vida enviarás tu bendición sobre sus graneros, y sobre todo aquello en que pusiere su mano.[3]

Te agradezco porque mi hijo no desprecia la obediencia, sino que nos respeta como padres, estimándonos y valorándonos como algo preciado —haciendo que todo le vaya bien ahora y en el futuro.[4] En el nombre de Jesús.

La Palabra de Dios declara

1. "Amaos los unos a los otros con amor fraternal; en cuanto a honra, prefiriéndoos los unos a los otros" (Romanos 12:10).
2. "Porque si perdonáis a los hombres sus ofensas, os perdonará también a vosotros vuestro Padre celestial" (Mateo 6:14).
3. "Antes sed benignos unos con otros, misericordiosos, perdonándoos unos a otros, como Dios también os perdonó a vosotros en Cristo" (Efesios 4:32).
4. "Sed sobrios, y velad; porque vuestro adversario el diablo, como león rugiente, anda alrededor buscando a quien devorar; al cual resistid firmes en la fe, sabiendo que los mismos padecimientos se van cumpliendo en vuestros hermanos en todo el mundo" (1 Pedro 5:8-9).
5. "…no devolviendo mal por mal, ni maldición por maldición, sino por el contrario, bendiciendo, sabiendo que fuisteis llamados para que heredaseis bendición" (1 Pedro 3:9).
6. "Si confesamos nuestros pecados, él es fiel y justo para perdonar nuestros pecados, y limpiarnos de toda maldad" (1 Juan 1:9).
7. "Sed, pues, imitadores de Dios como hijos amados" (Efesios 5:1).

95

PERDÓN

Padre celestial, te pido que mi hija sea devota a los miembros de su familia en amor fraternal y prefiriendo a los demás por sobre sí misma.[1] Ayúdala a andar en perdón hacia los demás según tu voluntad y recuérdale cómo tú le has perdonado sus pecados.[2]

Haz que ______________ sea buena y de corazón tierno hacia los demás, aún cuando la hayan ofendido.[3] Rechazo toda actitud de venganza y revancha que pudiera intentar destruir a mi familia, y te pido que alejes a mi hija de reprochar a otros.[4] En cambio, aliéntala a orar pidiendo tu ayuda y poder sobre aquellos que la ofendan, y bendícela por su bondad.[5]

Haz que tu perdón sea real para mi hija, y permite que encuentre tu fidelidad y justicia.[6]

Haz que siga el ejemplo de Cristo, estando llena de amor por los demás.[7] En el nombre de Jesús.

La Palabra de Dios declara

1. "Así que, no temáis; más valéis vosotros que muchos pajarillos. A cualquiera, pues, que me confiese delante de los hombres, yo también le confesaré delante de mi Padre que está en los cielos" (Mateo 10:31-32).
2. "Por lo demás, hermanos míos, fortaleceos en el Señor, y en el poder de su fuerza" (Efesios 6:10).
3. "¿No le has cercado alrededor a él y a su casa y a todo lo que tiene? Al trabajo de sus manos has dado bendición; por tanto, sus bienes han aumentado sobre la tierra" (Job 1:10).
4. "Porque Dios es el que en vosotros produce así el querer como el hacer, por su buena voluntad" (Filipenses 2:13).
5. "Absteneos de toda especie de mal" (1 Tesalonicenses 5:22).
6. "Por el camino de la sabiduría te he encaminado, y por veredas derechas te he hecho andar. Cuando anduvieres, no se estrecharán tus pasos, y si corrieres, no tropezarás" (Proverbios 4:11-12).
7. "No entres por la vereda de los impíos, ni vayas por el camino de los malos. Déjala, no pases por ella; apártate de ella, pasa" (Proverbios 4:14-15).
8. "Y no temáis a los que matan el cuerpo, mas el alma no pueden matar; temed más bien a aquel que puede destruir el alma y el cuerpo en el infierno" (Mateo 10:28).
9. "El temor del hombre pondrá lazo; mas el que confía en Jehová será exaltado" (Proverbios 29:25).
10. "Ten cuidado de ti mismo y de la doctrina; persiste en ello, pues haciendo esto, te salvarás a ti mismo y a los que te oyeren" (1 Timoteo 4:16).

96

Presión de grupo

Padre celestial, dale a ___________ tu fuerza sobrenatural para vencer la presión de grupo. Que no sienta vergüenza de defender lo que es correcto.[1] Haz que sea fuerte en ti y en tu poder[2] aún cuando sus amigos más cercanos intenten atraerlo o manipularlo para que haga lo que está mal.

Erige un cerco de protección a su alrededor,[3] protegiéndolo de toda persona, lugar o cosa que busque impedir tu obra en su vida.[4] Aleja de él todo mal.[5] Gracias por guiar a mi hijo en el camino de la sabiduría por el sendero recto,[6] impidiendo que elija el camino de lo malo, antes bien, evitándolo y alejándose de éste.[7]

Que no tema a lo que sus amigos piensen de él,[8] sino que confíe en ti.[9] Gracias porque cuando él persevere en la vida de acuerdo a tu voluntad, será una influencia positiva sobre todos los que estén alrededor de él.[10] Amén.

La Palabra de Dios declara

1. "Y los fieles de la circuncisión que habían venido con Pedro se quedaron atónitos de que también sobre los gentiles se derramase el don del Espíritu Santo" (Hechos 10:45).
2. "¿No sabéis que sois templo de Dios, y que el Espíritu de Dios mora en vosotros? Si alguno destruyere el templo de Dios, Dios le destruirá a él; porque el templo de Dios, el cual sois vosotros, santo es" (1 Corintios 3:16-17).
3. "...para que seáis irreprensibles y sencillos, hijos de Dios sin mancha en medio de una generación maligna y perversa, en medio de la cual resplandecéis como luminares en el mundo" (Filipenses 2:15).
4. "Sobre toda cosa guardada, guarda tu corazón; porque de él mana la vida" (Proverbios 4:23).
5. "Y todo aquel que tiene esta esperanza en él, se purifica a sí mismo, así como él es puro" (1 Juan 3:3).
6. "De los demás, ninguno se atrevía a juntarse con ellos; mas el pueblo los alababa grandemente. Y los que creían en el Señor aumentaban más, gran número así de hombres como de mujeres" (Hechos 5:13-14).
7. "Ninguno tenga en poco tu juventud, sino sé ejemplo de los creyentes en palabra, conducta, amor, espíritu, fe y pureza" (1 Timoteo 4:12).

97
Pureza sexual

Padre celestial, te agradezco por el don del Espíritu Santo que tú le has dado a mi hija.[1] Te pido que camine con plena realidad de que su cuerpo es el templo del Espíritu Santo.[2] ¡Te alabo por el poder de permanecer pura en un mundo torcido y perverso![3] Ayúdala a preservar su corazón de toda persona o cosa que intente influir sobre ella para que abandone su pureza sexual.[4]

Padre, ayuda a mi hija a mantener su cuerpo puro para el matrimonio desde este día y a purificarse, así como tú eres puro.[5] Gracias porque será un ejemplo para todos los que la rodeen. No será despreciada sino respetada, por defender la pureza y la santidad.[6] Haz que sea un ejemplo en palabra, conducta, amor, espíritu, fe y pureza para todos sus amigos.[7] En el nombre de Jesús.

La Palabra de Dios declara

1. "Hijos, obedeced en el Señor a vuestros padres, porque esto es justo" (Efesios 6:1).
2. "Instruye al niño en su camino, y aun cuando fuere viejo no se apartará de él" (Proverbios 22:6).
3. "Y no sólo esto, sino que también nos gloriamos en las tribulaciones, sabiendo que la tribulación produce paciencia; y la paciencia, prueba; y la prueba, esperanza" (Romanos 5:3-4).
4. "Con Cristo estoy juntamente crucificado, y ya no vivo yo, mas vive Cristo en mí; y lo que ahora vivo en la carne, lo vivo en la fe del Hijo de Dios, el cual me amó y se entregó a sí mismo por mí" (Gálatas 2:20).

98

Reglas de la casa

Padre celestial, gracias por ayudar a mi hijo a obedecer nuestros límites y reglas, porque es lo correcto.[1] Tú dijiste que si educamos a nuestro hijo en el camino que debe seguir, cuando sea viejo no se apartará de él.[2] Gracias porque las reglas que hemos establecido en nuestro hogar serán efectivas para educar a nuestro hijo a ser obediente y disciplinado.

Te alabo, Señor, por darle a mi hijo paciencia para respetar las reglas, aún cuando no desee hacerlo, para que su carácter se haga sólido e inamovible. Este carácter producirá esperanza en él, y esta esperanza no lo decepcionará.[3] Oro porque le ayudes a aprender a crucificarse con Cristo para que Cristo viva en él, haciendo que sea posible para __________ respetar y obedecer las reglas y la autoridad de este hogar.[4] Gracias por bendecir y alentar a __________ con tu Espíritu, por estimularlo hacia la excelencia y por equiparlo para el futuro que tú tienes preparado para él. En el nombre de Jesús.

La Palabra de Dios declara

1. "Mas el fruto del Espíritu es amor, gozo, paz, paciencia, benignidad, bondad, fe, mansedumbre, templanza; contra tales cosas no hay ley" (Gálatas 5:22-23).
2. "En Judá también estuvo la mano de Dios para darles un solo corazón para cumplir el mensaje del rey y de los príncipes, conforme a la palabra de Jehová" (2 Crónicas 30:12).
3. "¡Mirad cuán bueno y cuán delicioso es habitar los hermanos juntos en armonía! Es como el buen óleo sobre la cabeza, el cual desciende sobre la barba, la barba de Aarón, y baja hasta el borde de sus vestiduras; como el rocío de Hermón, que desciende sobre los montes de Sión; porque allí envía Jehová bendición, y vida eterna" (Salmo 133:1-3).
4. "Yo en ellos, y tú en mí, para que sean perfectos en unidad, para que el mundo conozca que tú me enviaste, y que los has amado a ellos como también a mí me has amado" (Juan 17:23).
5. "Uno hace diferencia entre día y día; otro juzga iguales todos los días. Cada uno esté plenamente convencido en su propia mente. El que hace caso del día, lo hace para el Señor; y el que no hace caso del día, para el Señor no lo hace. El que come, para el Señor come, porque da gracias a Dios; y el que no come, para el Señor no come, y da gracias a Dios" (Romanos 15:5-6).
6. "...con toda humildad y mansedumbre, soportándoos con paciencia los unos a los otros en amor, solícitos en guardar la unidad del Espíritu en el vínculo de la paz" (Efesios 4:2-3).
7. "...hasta que todos lleguemos a la unidad de la fe y del conocimiento del Hijo de Dios, a un varón perfecto, a la medida de la estatura de la plenitud de Cristo" (Efesios 4:13).

99

Relación entre hermanos

Padre, te pido que nuestra familia muestre el fruto del Espíritu en nuestras vidas, en nuestra relación en el hogar, permitiendo que tu amor, gozo, paz, paciencia, benignidad, bondad, fe, mansedumbre, templanza, se manifiesten.[1]

Gracias por haber derramado tu Espíritu sobre mis hijos, dándoles un solo corazón para cumplir el mensaje de nuestro hogar, conforme a tu palabra.[2] Tu Palabra declara cuán bueno y cuán delicioso es habitar los hermanos juntos cn armonía. Derramo tu unidad para que sature completamente a mis hijos con bendiciones y vida eterna.[3] Gracias por el ejemplo de unidad que nos diste en Jesús.[4]

Pido que tu apoyo y paciencia estén sobre mi hogar y mi familia. ¡En el nombre de Jesús proclamo que mi familia tiene un solo corazón para glorificarte![5] Oro porque mis hijos vivan en humildad los unos con los otros, siendo pacientes y amorosos entre sí. Ayúdales a esforzarse por fortalecer el vínculo de paz en nuestra familia,[6] que nos lleva a la madurez y plenitud en ti.[7] En el nombre de Jesús.

La Palabra de Dios declara

1. "Y a ti te daré las llaves del reino de los cielos; y todo lo que atares en la tierra será atado en los cielos; y todo lo que desatares en la tierra será desatado en los cielos" (Mateo 16:19).
2. "Toda buena dádiva y todo don perfecto desciende de lo alto, del Padre de las luces, en el cual no hay mudanza, ni sombra de variación" (Santiago 1:17).
3. "No te sobrevendrá mal, ni plaga tocará tu morada. Pues a sus ángeles mandará acerca de ti, que te guarden en todos tus caminos" (Salmo 91:10-11).
4. "El que anda con sabios, sabio será; mas el que se junta con necios será quebrantado" (Proverbios 13:20).
5. "Sobre toda cosa guardada, guarda tu corazón; porque de él mana la vida" (Proverbios 4:23).
6. "No te desvíes a la derecha ni a la izquierda; aparta tu pie del mal" (Proverbios 4:27).
7. "Porque Jehová conoce el camino de los justos; mas la senda de los malos perecerá" (Salmo 1:6).

100

Relaciones no cristianas

Ato toda influencia no cristiana[1] que pudiera impedir que mi hija reciba las dádivas buenas y los dones perfectos que Dios tiene preparados para ella.[2] Padre, oro porque tú la protejas de toda influencia y persona que intente sobrevenir con mal para ella.[3]

Que _______________ ande con sabios para que crezca en sabiduría. Haz que evite la compañía de los necios que causan quebranto.[4]

Impide que se aparte a derecha o izquierda de tu plan perfecto.[5] Guarda el corazón de mi hija hoy contra la agonía de las relaciones impías, porque su corazón es manantial de vida.[6] Gracias porque mi hija no perecerá en el camino de los impíos, sino que podrá permanecer en la confianza de que tú le mostrarás el camino que debe seguir.[7] En el nombre de Jesús.

La Palabra de Dios declara

1. "Buscad, pues, hermanos, de entre vosotros a siete varones de buen testimonio, llenos del Espíritu Santo y de sabiduría, a quienes encarguemos de este trabajo" (Hechos 6:3).
2. "Y el jefe de la cárcel entregó en mano de José el cuidado de todos los presos que había en aquella prisión; todo lo que se hacía allí, él lo hacía. No necesitaba atender el jefe de la cárcel cosa alguna de las que estaban al cuidado de José, porque Jehová estaba con José, y lo que él hacía, Jehová lo prosperaba" (Génesis 39:22-23).
3. "También había cantores, jefes de familias de los levitas, los cuales moraban en las cámaras del templo, exentos de otros servicios, porque de día y de noche estaban en aquella obra" (1 Crónicas 9:33).
4. "También había cantores, jefes de familias de los levitas, los cuales moraban en las cámaras del templo, exentos de otros servicios, porque de día y de noche estaban en aquella obra" (Romanos 2:15).
5. "Ahora bien, se requiere de los administradores, que cada uno sea hallado fiel" (1 Corintios 4:2).
6. "Y su señor le dijo: Bien, buen siervo y fiel; sobre poco has sido fiel, sobre mucho te pondré; entra en el gozo de tu señor" (Mateo 25:21).

101

Responsabilidad

Padre celestial, oro porque ____________ sea lleno de tu Espíritu, lleno de sabiduría y apto para toda responsabilidad.[1] Gracias por mantener tu mano sobre mi hijo, haciéndolo tan responsable que quienes están en autoridad sobre él no tengan que insistir para que complete su trabajo. ¡Otórgale prosperidad en todo lo que haga![2]

En las áreas de nuestro hogar y familia, te pido que pongas en mi hijo el deseo de ser responsable de su trabajo, de día y de noche.[3] Que las reglas de nuestro hogar sean más que ley para él. Escríbelas en su corazón para que su conciencia dé testimonio.[4]

Porque se le han confiado ciertas responsabilidades, te pido que lo ayudes a ser probado fiel en todas las áreas.[5] Gracias porque haces que sea fiel con lo poco, para poder confiarle lo mucho.[6] En el nombre de Jesús.

La Palabra de Dios declara

1. "Más bien os escribí que no os juntéis con ninguno que, llamándose hermano, fuere fornicario, o avaro, o idólatra, o maldiciente, o borracho, o ladrón; con el tal ni aun comáis" (1 Corintios 5:11).
2. "El justo sirve de guía a su prójimo; mas el camino de los impíos les hace errar" (Proverbios 12:26).
3. "No os unáis en yugo desigual con los incrédulos; porque ¿qué compañerismo tiene la justicia con la injusticia? ¿Y qué comunión la luz con las tinieblas?" (2 Corintios 6:14).
4. "Huye también de las pasiones juveniles, y sigue la justicia, la fe, el amor y la paz, con los que de corazón limpio invocan al Señor" (2 Timoteo 2:22).
5. "No te entremetas con el iracundo, ni te acompañes con el hombre de enojos" (Proverbios 22:24).
6. "Nada hagáis por contienda o por vanagloria; antes bien con humildad, estimando cada uno a los demás como superiores a él mismo; no mirando cada uno por lo suyo propio, sino cada cual también por lo de los otros" (Filipenses 2:3-4).
7. "Pero el Dios de la paciencia y de la consolación os dé entre vosotros un mismo sentir según Cristo Jesús" (Romanos 15:5).

102

Salidas con amigos

Padre celestial, muéstrale a mi hija el tipo de personas con quienes deseas que salga. Que no ande en compañía de nadie que, llamándose hermano, fuere fornicario, o avaro, o idólatra, o maldiciente, o borracho, o ladrón.[1] Haz que elija a sus amigos con cuidado.[2]

Haz que ____________ recuerde que está vestida con la rectitud de Cristo y que no tiene nada en común con la maldad de los incrédulos.[3] Que se aparte de los deseos no cristianos y disfrute sólo de la compañía de los que buscan la rectitud, la fe, el amor, la paz y la pureza de corazón.[4]

Gracias porque mi hija evita a la gente iracunda y de enojos.[5] Otórgale una actitud que nada haga por contienda o por vanagloria; antes bien con humildad, estimando a los demás como superiores a ella misma.[6] Que todas las amistades con quienes sale sean llenas de paciencia, apoyo y actitud de unidad.[7] En el nombre de Jesús.

La Palabra de Dios declara

1. "Sean vuestras costumbres sin avaricia, contentos con lo que tenéis ahora; porque él dijo: No te desampararé, ni te dejaré" (Hebreos 13:5).
2. "Porque a mis ojos fuiste de gran estima, fuiste honorable, y yo te amé; daré, pues, hombres por ti, y naciones por tu vida" (Isaías 43:4).
3. "Y me hizo sacar del pozo de la desesperación, del lodo cenagoso; puso mis pies sobre peña, y enderezó mis pasos. Puso luego en mi boca cántico nuevo, alabanza a nuestro Dios. Verán esto muchos, y temerán y confiarán en Jehová" (Salmo 40:2-3).
4. "Cercano está Jehová a los quebrantados de corazón; y salva a los contritos de espíritu" (Salmo 34:18).
5. "Y la paz de Dios, que sobrepasa todo entendimiento, guardará vuestros corazones y vuestros pensamientos en Cristo Jesús" (Filipenses 4:7).
6. "Y en esto conocemos que somos de la verdad, y aseguraremos nuestros corazones delante de él; pues si nuestro corazón nos reprende, mayor que nuestro corazón es Dios, y él sabe todas las cosas" (1 Juan 3:19-20).
7. "Mi carne y mi corazón desfallecen; mas la roca de mi corazón y mi porción es Dios para siempre" (Salmo 73:26).

103

Sanidad del corazón herido

Padre celestial, gracias porque nunca nos desamparas ni nos dejas.[1] Haz que mi hijo comprenda lo precioso y honrado que es tenerte a ti, y que reconozca cuánto lo amas.[2] Aunque sienta que otros lo han traicionado, envuélvelo con tus brazos consoladores en este momento, asegurándole que tú eres su roca, poniendo en su boca cántico nuevo, alabanza a ti por tu fidelidad.[3]

Gracias, Padre, porque tú has prometido estar cerca de quienes tienen el corazón quebrantado.[4] Envuelve a ___________ en tu paz que sobrepasa todo entendimiento y guarda su corazón y mente en Cristo.[5] Aún cuando el corazón de mi hijo lo condene, haz que descanse en tu presencia. Tú eres más grande que su corazón, Señor, y tienes mayor entendimiento de la situación.[6] Te alabo por ser la roca de su corazón y su porción para siempre.[7] En el nombre de Jesús.

La Palabra de Dios declara

1. "El Espíritu del Señor está sobre mí, por cuanto me ha ungido para dar buenas nuevas a los pobres; me ha enviado a sanar a los quebrantados de corazón; a pregonar libertad a los cautivos, y vista a los ciegos; a poner en libertad a los oprimidos" (Lucas 4:18).
2. "Y la esperanza no avergüenza; porque el amor de Dios ha sido derramado en nuestros corazones por el Espíritu Santo que nos fue dado" (Romanos 5:5).
3. "El que cubre la falta busca amistad; mas el que la divulga, aparta al amigo" (Proverbios 17:9).
4. "El amor es sufrido, es benigno; el amor no tiene envidia, el amor no es jactancioso, no se envanece; no hace nada indebido, no busca lo suyo, no se irrita, no guarda rencor" (1 Corintios 13:4-5).
5. "Pero la sabiduría que es de lo alto es primeramente pura, después pacífica, amable, benigna, llena de misericordia y de buenos frutos, sin incertidumbre ni hipocresía" (Santiago 3:17).
6. "La cordura del hombre detiene su furor, y su honra es pasar por alto la ofensa" (Proverbios 19:11).
7. "Antes sed benignos unos con otros, misericordiosos, perdonándoos unos a otros, como Dios también os perdonó a vosotros en Cristo" (Efesios 4:32).
8. "Hijitos míos, no amemos de palabra ni de lengua, sino de hecho y en verdad" (1 Juan 3:18).

104

Sobreponerse a las ofensas

Padre celestial, derrama tu unción sanadora sobre el corazón de mi hija. Sánala y protégela de toda ofensa pasada y futura.[1] Haz que en toda oportunidad evite la ofensa y promueva tu amor, que has derramado sobre ella cuando nació de nuevo.[2]

Aléjala de repetir una ofensa, aún en su corazón, para que no cause daño a sus relaciones con familiares, amigos y contigo.[3] Gracias por tu amor, que le impide ser quisquillosa o pronta para el enojo. También le impide guardar rencor por el mal que le hayan hecho.[4]

Ayuda a _______________ a andar en tu sabiduría, que lleva a la paz.[5] Que otros reconozcan y reciban apoyo cuando vean que pasa por alto las ofensas.[6]

Recuérdale ser buena con los demás, de corazón tierno y pronta a perdonar, así como tú la has perdonado.[7] Ayúdale a amar a quienes le hacen daño, y ayúdale a probar ese amor con sus palabras y acciones.[8] En el nombre de Jesús.

La Palabra de Dios declara

1. "Bienaventurado el varón que no anduvo en consejo de malos, ni estuvo en camino de pecadores, ni en silla de escarnecedores se ha sentado; sino que en la ley de Jehová está su delicia, y en su ley medita de día y de noche. Será como árbol plantado junto a corrientes de aguas, que da su fruto en su tiempo, y su hoja no cae; y todo lo que hace, prosperará" (Salmo 1:1-3).
2. "Mas por él estáis vosotros en Cristo Jesús, el cual nos ha sido hecho por Dios sabiduría, justificación, santificación y redención" (1 Corintios 1:30).
3. "El que anda con sabios, sabio será; mas el que se junta con necios será quebrantado" (Proverbios 13:20).
4. "Huye también de las pasiones juveniles, y sigue la justicia, la fe, el amor y la paz, con los que de corazón limpio invocan al Señor" (2 Timoteo 2:22).
5. "Así andarás por el camino de los buenos, y seguirás las veredas de los justos" (Proverbios 2:20).

105

Tener amistades cristianas

Padre celestial, trae amigos cristianos a la vida de mi hijo. Ayúdale a evitar los consejos y la compañía de los pecadores. Que sea como un árbol plantado junto a corrientes de aguas, que da su fruto en su tiempo, y se deleita en tu camino y tu plan en lo que se refiere a sus amistades.[1]

Gracias por Jesús, quien ha sido hecho sabiduría para mi hijo.[2] Permítele crecer con sus amigos en la sabiduría de Cristo.[3] Haz que ____________ sea un amigo para todos los que te temen y siguen tu camino.

Gracias porque mi hijo no estará solo ni será fácilmente vencido, sino que tendrá amistades cristianas que serán su defensa en contra del enemigo. Oro porque tú lo guardes en el camino recto; para que disfrute de la compañía de quienes te aman con corazón puro.[4] En el nombre de Jesús, te doy gracias por permitir que mi hijo ande en el camino de los rectos y siga la vereda de los justos.[5] Amén.

La Palabra de Dios declara

1. Huye el impío sin que nadie lo persiga; mas el justo está confiado como un león" (Proverbios 28:1).
2. "Porque no nos ha dado Dios espíritu de cobardía, sino de poder, de amor y de dominio propio" (2 Timoteo 1:7).
3. "...pues conozco vuestra buena voluntad, de la cual yo me glorío entre los de Macedonia, que Acaya está preparada desde el año pasado; y vuestro celo ha estimulado a la mayoría" (2 Corintios 9:2).
4. "...porque se me ha abierto puerta grande y eficaz, y muchos son los adversarios" (1 Corintios 16:9).
5. "Porque sol y escudo es Jehová Dios; gracia y gloria dará Jehová. No quitará el bien a los que andan en integridad" (Salmo 84:11).
6. "Y ahora, Señor, mira sus amenazas, y concede a tus siervos que con todo denuedo hablen tu palabra" (Hechos 4:29).
7. "[Orar] por mí, a fin de que al abrir mi boca me sea dada palabra para dar a conocer con denuedo el misterio del evangelio, por el cual soy embajador en cadenas; que con denuedo hable de él, como debo hablar" (Efesios 6:19-20).
8. "Y ellos, saliendo, predicaron en todas partes, ayudándoles el Señor y confirmando la palabra con las señales que la seguían" (Marcos 16:20).

106

Traer amigos a la iglesia

Padre celestial, gracias ante todo porque mi hija tiene firme asidero en ti. ¡Tú dijiste que los justos son valientes como leones![1] _______________ no vive con miedo, sino que camina en poder, amor y dominio propio.[2] Su entusiasmo por ir a la iglesia despierta en otros el mismo deseo dentro de su círculo de influencia.[3]

Oro porque aumentes el círculo de influencia de mi hija, haciéndola más efectiva en su testimonio.[4] Otórgale favor y honor con sus amigos[5] para que obtenga respuesta a su invitación. Permítele hablar con gran valentía,[6] sin temor a dar a conocer con denuedo el misterio del evangelio[7].

Gracias porque estás obrando en ella cuando invita a sus amigos a la iglesia. Ya estás obrando también en los corazones de ellos, dándoles el deseo de conocerte más profundamente.[8] En el nombre de Jesús.

La Palabra de Dios declara

1. "El que anda en integridad y hace justicia, y habla verdad en su corazón. El que no calumnia con su lengua, ni hace mal a su prójimo, ni admite reproche alguno contra su vecino" (Salmo 15:2-3).
2. "Cuando viene la soberbia, viene también la deshonra; mas con los humildes está la sabiduría" (Proverbios 11:2).
3. "Yo sé, Dios mío, que tú escudriñas los corazones, y que la rectitud te agrada; por eso yo con rectitud de mi corazón voluntariamente te he ofrecido todo esto, y ahora he visto con alegría que tu pueblo, reunido aquí ahora, ha dado para ti espontáneamente" (1 Crónicas 29:17).
4. "Por tanto, nosotros también, teniendo en derredor nuestro tan grande nube de testigos, despojémonos de todo peso y del pecado que nos asedia, y corramos con paciencia la carrera que tenemos por delante" (Hebreos 12:1).
5. "Lámpara es a mis pies tu palabra, y lumbrera a mi camino" (Salmo 119:105).
6. "Por lo cual, desechando toda inmundicia y abundancia de malicia, recibid con mansedumbre la palabra implantada, la cual puede salvar vuestras almas" (Santiago 1:21).

107

Valores

Gracias, Padre celestial, por guiar los valores de mi hijo. Proclamo que mi hijo tiene firme asidero en ti y que por ello aprecia la honestidad y cuida hablar siempre bien de los demás.[1] Gracias por hacer que mi hijo sea verdaderamente humilde, y por saturarlo con tu sabiduría.[2] Haz de ____________ una persona de palabra, porque sé que tú pones aprueba el corazón y te agrada la integridad.[3]

Ayúdale a despojarse de todo obstáculo que quiera impidirle o atraparle. Pon dentro de él el deseo de correr la carrera de la fe con paciencia.[4] Oro porque le ayudes a perseverar en toda circunstancia, para que su carácter se haga sólido y fuerte. Tu palabra es lumbrera a sus pies, una lámpara que ilumina su camino.[5] Gracias porque humildemente acepta la Palabra plantada en él, para conformar sus valores.[6] Amén.

SECCIÓN IV

ORACIONES POR NECESIDADES ESCOLARES

La Palabra de Dios declara

1. “No os conforméis a este siglo, sino transformaos por medio de la renovación de vuestro entendimiento, para que comprobéis cuál sea la buena voluntad de Dios, agradable y perfecta” (Romanos 12:2).
2. “El que guarda el mandamiento no experimentará mal; y el corazón del sabio discierne el tiempo y el juicio” (Eclesiastés 8:5).
3. “Más vale un puño lleno con descanso, que ambos puños llenos con trabajo y aflicción de espíritu” (Eclesiastés 4:6).
4. “Pero la sabiduría que es de lo alto es primeramente pura, después pacífica, amable, benigna, llena de misericordia y de buenos frutos, sin incertidumbre ni hipocresía” (Santiago 3:17).
5. “Acercaos a Dios, y él se acercará a vosotros. Pecadores, limpiad las manos; y vosotros los de doble ánimo, purificad vuestros corazones” (Santiago 4:8).
6. “Mas buscad primeramente el reino de Dios y su justicia, y todas estas cosas os serán añadidas” (Mateo 6:33).

108

ACTIVIDADES EXTRACURRICULARES

Padre celestial, te alabo porque la mente de mi hija está siendo renovada por tu Palabra, haciéndola capaz de obrar tu perfecta y bondadosa voluntar en todas las áreas de su vida, incluyendo las actividades extracurriculares.[1]

Que sepa discernir para utilizar su tiempo correctamente. Ayúdala a comprender cómo organizar las actividades y los horarios de manera realista.[2] Por favor, impide que se mantenga tan ocupada como para que la paz la eluda. No permitas que se ocupe en demasiadas cosas como para que se desaliente y piense que todo es en vano.[3]

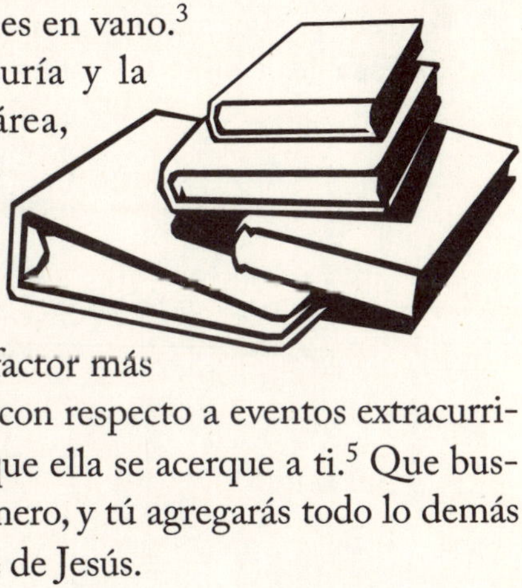

Que al ejercer la sabiduría y la disciplina en esta área, ____________ sienta tu paz y el buen fruto que tú prometes.[4] Oro porque mi hija mantenga sus prioridades en lo correcto contigo, como el factor más importante en sus decisiones con respecto a eventos extracurriculares. Acércate a ella para que ella se acerque a ti.[5] Que busque tu reino y tu rectitud primero, y tú agregarás todo lo demás por añadidura.[6] En el nombre de Jesús.

La Palabra de Dios declara

1. "Y dijo al hombre: He aquí que el temor del Señor es la sabiduría, y el apartarse del mal, la inteligencia" (Job 28:28).
2. "Y si no, óyeme tú a mí; calla, y te enseñaré sabiduría" (Job 33:33).
3. "Procura con diligencia presentarte a Dios aprobado, como obrero que no tiene de qué avergonzarse, que usa bien la palabra de verdad" (2 Timoteo 2:15).
4. "Mas el Consolador, el Espíritu Santo, a quien el Padre enviará en mi nombre, él os enseñará todas las cosas, y os recordará todo lo que yo os he dicho" (Juan 14:26).
5. "Dios es nuestro amparo y fortaleza, nuestro pronto auxilio en las tribulaciones" (Salmo 46:1).
6. "Porque no nos ha dado Dios espíritu de cobardía, sino de poder, de amor y de dominio propio" (2 Timoteo 1:7).
7. "No temas, porque yo estoy contigo; no desmayes, porque yo soy tu Dios que te esfuerzo; siempre te ayudaré, siempre te sustentaré con la diestra de mi justicia" (Isaías 41:10).

109

Ayuda con exámenes y pruebas

Padre celestial, gracias por que el temor del Señor trae sabiduría y porque desechar lo malo trae entendimiento.[1] Otórgale a mi hijo un espíritu calmado para que pueda mantener silencio ante ti, y para que tú puedas enseñarle sabiduría.[2] Gracias por enseñarle a estudiar con diligencia, para que no se averguence de su trabajo, comprendiendo la verdad sobre sus pruebas y exámenes.[3] Otórgale memoria sobrenatural para las cosas que estudia.[4]

Tú eres el oportuno socorro en el momento de necesidad de ______________.[5] No le has dado espíritu de temor, sino de poder, amor y dominio propio.[6] Gracias por estar con él durante sus exámenes. No necesita sentir desaliento porque tú lo fortaleces y ayudas. Lo sostienes con tu victoriosa diestra.[7] En el nombre de Jesús.

La Palabra de Dios declara

1. "Deléitate asimismo en Jehová, y él te concederá las peticiones de tu corazón" (Salmo 37:4).
2. "Porque yo sé los pensamientos que tengo acerca de vosotros, dice Jehová, pensamientos de paz, y no de mal, para daros el fin que esperáis" (Jeremías 29:11).
3. "Por tanto, no seáis insensatos, sino entendidos de cuál sea la voluntad del Señor" (Efesios 5:17).
4. "Entonces tus oídos oirán a tus espaldas palabra que diga: Este es el camino, andad por él; y no echéis a la mano derecha, ni tampoco torzáis a la mano izquierda" (Isaías 30:21).
5. "No os hagáis, pues, semejantes a ellos; porque vuestro Padre sabe de qué cosas tenéis necesidad, antes que vosotros le pidáis" (Mateo 6:8).
6. "Y él dijo: El Dios de nuestros padres te ha escogido para que conozcas su voluntad, y veas al Justo, y oigas la voz de su boca" (Hechos 22:14).
7. "Porque ¿quién conoció la mente del Señor? ¿Quién le instruirá? Mas nosotros tenemos la mente de Cristo" (1 Corintios 2:16).
8. "Porque todos los que son guiados por el Espíritu de Dios, éstos son hijos de Dios" (Romanos 8:14).

110

ESCOGER LA CARRERA

Padre celestial, gracias por poner tus deseos para la vida de mi hija directamente en su corazón, y por hacer que sean realidad.[1] Revélale los planes que tienes para su vida, dándole esperanza y un futuro.[2] Al decidirse por una carrera, mi hija no será necia sino que comprenderá la voluntad tuya para su vida.[3]

Te alabo porque aún si eligiera equivocadamente al principio, tú le hablarás diciendo: "Este es el camino, andad por él".[4] Hazle recordar a _____________ que tú sabes exactamente lo que ella necesita antes de que te lo pida.[5] Has decidido darle a mi hija la mente de Cristo[6] y tu Espíritu la guía en este asunto.[7] En el nombre de Jesús.

La Palabra de Dios declara

1. "Fíate de Jehová de todo tu corazón, y no te apoyes en tu propia prudencia. Reconócelo en todos tus caminos, y él enderezará tus veredas" (Proverbios 3:5-6).
2. "De cierto os digo que todo lo que atéis en la tierra, será atado en el cielo; y todo lo que desatéis en la tierra, será desatado en el cielo" (Mateo 18:18).
3. "Tú eres mi lámpara, oh Jehová; mi Dios alumbrará mis tinieblas" (2 Samuel 22:29).
4. "Te haré entender, y te enseñaré el camino en que debes andar; sobre ti fijaré mis ojos" (Salmo 32:8).
5. "Por Jehová son ordenados los pasos del hombre, y él aprueba su camino" (Salmo 37:23).
6. "Y Jehová va delante de ti; él estará contigo, no te dejará, ni te desamparará; no temas ni te intimides" (Deuteronomio 31:8).
7. "Porque Jehová da la sabiduría, y de su boca viene el conocimiento y la inteligencia" (Proverbios 2:6).
8. "Y la paz de Dios gobierne en vuestros corazones, a la que asimismo fuisteis llamados en un solo cuerpo; y sed agradecidos" (Colosenses 3:15).

111

Escoger la universidad o colegio

Padre celestial, oro porque mi hijo no dependa de su propio entendimiento en la decisión tan importante de elegir una universidad o colegio. Que en cambio confíe en ti y reconozca que tú tienes control para que el camino que él tome sea recto y claro.[1] Ato toda indecisión y confusión.[2] Ilumina su decisión y alumbra sus tinieblas.[3]

Gracias por instruir y guiar a mi hijo por el mejor camino para su vida. Te alabo por aconsejarlo y vigilar su progreso.[4] Tú has ordenado cada uno de sus pasos.[5] No temerá, porque tú vas delante de él en cada situación. Haz que sepa verdaderamente que tú nunca lo dejarás ni lo desampararás.[6]

Y agradezco que cuando medite en tu Palabra, allí encontrará los tesoros del conocimiento y el entendimiento sobre qué rumbo tomar,[7] porque tu paz gobierna su corazón en este asunto.[8] Tú le estás revelando a qué universidad o colegio ir. En el nombre de Jesús.

La Palabra de Dios declara

1. "Mas por él estáis vosotros en Cristo Jesús, el cual nos ha sido hecho por Dios sabiduría, justificación, santificación y redención" (1 Corintios 1:30).
2. "Deléitate asimismo en Jehová, y él te concederá las peticiones de tu corazón" (Salmo 37:4).
3. "Bienaventurado el varón que no anduvo en consejo de malos, ni estuvo en camino de pecadores, ni en silla de escarnecedores se ha sentado; sino que en la ley de Jehová está su delicia, y en su ley medita de día y de noche. Será como árbol plantado junto a corrientes de aguas, que da su fruto en su tiempo, y su hoja no cae; y todo lo que hace, prosperará" (Salmo 1:1-3).
4. "El que anda con sabios, sabio será; mas el que se junta con necios será quebrantado" (Proverbios 13:20).
5. "Huye también de las pasiones juveniles, y sigue la justicia, la fe, el amor y la paz, con los que de corazón limpio invocan al Señor" (2 Timoteo 2:22).
6. "Así andarás por el camino de los buenos, y seguirás las veredas de los justos" (Proverbios 2:20).
7. "Mejores son dos que uno; porque tienen mejor paga de su trabajo" (Eclesiastés 4:9).

112
Escoger sus amistades

Padre, gracias por darle a _______________ sabiduría para elegir sus amigos.[1] Oro porque tú traigas personas de influencias cristianas a su vida. Pon en su corazón el deseo de elegir amistades de calidad.[2] Que no busque sabiduría de las malas influencias, ni ande con gente incrédula e impía, ni con personas crueles.[3] Que en lugar de elegir compañías necias, oro porque elija rodearse de personas que practiquen la sabiduría.[4]

Oro porque use las características de la justicia, la fe, el amor y la paz para discernir asociarse con las personas correctas. Que busque a quienes te siguen con corazón puro.[5] Mantén a mi hija en el camino de las buenas influencias.[6] Gracias por los amigos especiales que estás poniendo en su camino, para ayudarle y darle apoyo.[7] En el nombre de Jesús.

La Palabra de Dios declara

1. "Y los apacentó conforme a la integridad de su corazón, los pastoreó con la pericia de sus manos" (Salmo 78:72).
2. "Porque yo me volveré a vosotros, y os haré crecer, y os multiplicaré, y afirmaré mi pacto con vosotros" (Levíticos 26:9).
3. "Y todo lo que hagáis, hacedlo de corazón, como para el Señor y no para los hombres" (Colosenses 3:23).
4. "Entonces les declaré cómo la mano de mi Dios había sido buena sobre mí, y asimismo las palabras que el rey me había dicho. Y dijeron: Levantémonos y edifiquemos. Así esforzaron sus manos para bien" (Nehemías 2:18).
5. "Nunca se aparten de ti la misericordia y la verdad; átalas a tu cuello, escríbelas en la tabla de tu corazón; y hallarás gracia y buena opinión ante los ojos de Dios y de los hombres" (Proverbios 3:3-4).
6. "...no sirviendo al ojo, como los que quieren agradar a los hombres, sino como siervos de Cristo, de corazón haciendo la voluntad de Dios" (Efesios 6:6).

113

Favor en los deportes

Padre celestial, gracias porque ____________ goza de tu divino favor en su vida, incluyendo favor con sus entrenadores y compañeros de equipo. Haz que sea un líder como David, que lideró a los demás con integridad de corazón y con la pericia de sus manos.[1] A causa de tu favor, mi hijo será próspero en esta área.[2]

Oro porque mi hijo trabaje en el deporte con todo su corazón, trabajando para ti y no sólo por el elogio de los hombres.[3] Así como los constructores del muro de Jerusalén, que él y sus compañeros de equipo sientan tu mano sobre ellos en cada evento deportivo.[4] Ayúdale a caminar en amor en todo momento. Enséñale a ser leal con sus compañeros, entrenadores y al deporte para que pueda hallar gracia y buena opinión ante tus ojos de Dios y de los hombres.[5] Oro porque se esfuerce, no sólo para ganar el favor de sus entrenadores y compañeros, sino porque quiera hacer tu voluntad.[6] En el nombre de Jesús.

La Palabra de Dios declara

1. "Porque sol y escudo es Jehová Dios; gracia y gloria dará Jehová. No quitará el bien a los que andan en integridad" (Salmo 84:11).
2. "Y dijo Moisés a Jehová: Mira, tú me dices a mí: Saca este pueblo; y tú no me has declarado a quién enviarás conmigo. Sin embargo, tú dices: Yo te he conocido por tu nombre, y has hallado también gracia en mis ojos" (Éxodo 33:12).
3. "Nunca se aparten de ti la misericordia y la verdad; átalas a tu cuello, escríbelas en la tabla de tu corazón; y hallarás gracia y buena opinión ante los ojos de Dios y de los hombres" (Proverbios 3:3-4).
4. "El que reprende al hombre, hallará después mayor gracia que el que lisonjea con la lengua" (Proverbios 28:23).
5. "Y quitó Jehová la aflicción de Job, cuando él hubo orado por sus amigos; y aumentó al doble todas las cosas que habían sido de Job" (Job 42:10).

114

Favor entre los compañeros

Padre celestial, eres brillante como el sol en la vida de mi hija y la proteges como un escudo. Le das favor y gracia con sus amigos y no le quitarás el bien.[1] La conoces por su nombre, y goza de tu eterno favor.[2]

Muéstrale a _______________ cómo andar en el amor en todo momento y cómo ser amiga sincero con todos para que halle gracia y buena opinión ante tus ojos y de los hombres.[3] Haz que se alcje de la adulación innecesaria, manteniéndose firme en lo que ha creído.[4]

Enséñale a seguir ejemplos cristianos, orando por las necesidades de sus amigos y no solamente por las suyas. Que reconozca el valor que tú das a la amistad, en tanto la prosperas por su fidelidad a sus amigos.[5] En el nombre de Jesús.

La Palabra de Dios declara

1. "Sabiduría ante todo; adquiere sabiduría; y sobre todas tus posesiones adquiere inteligencia. Engrandécela, y ella te engrandecerá; ella te honrará, cuando tú la hayas abrazado" (Proverbios 4:7-8).
2. "Porque ¿quién conoció la mente del Señor? ¿Quién le instruirá? Mas nosotros tenemos la mente de Cristo" (1 Corintios 2:16).
3. "...y lo he llenado del Espíritu de Dios, en sabiduría y en inteligencia, en ciencia y en todo arte" (Éxodo 31:3).
4. "El alma del perezoso desea, y nada alcanza; mas el alma de los diligentes será prosperada" (Proverbios 13:4).
5. "Y todo lo que hagáis, hacedlo de corazón, como para el Señor y no para los hombres" (Colosenses 3:23).
6. "Sea la luz de Jehová nuestro Dios sobre nosotros, y la obra de nuestras manos confirma sobre nosotros; sí, la obra de nuestras manos confirma" (Salmo 90:17).
7. "No hay cosa mejor para el hombre sino que coma y beba, y que su alma se alegre en su trabajo. También he visto que esto es de la mano de Dios" (Eclesiastés 2:24).

115
Logros académicos

Padre celestial, te pido que pongas en ____________ un ardiente deseo de sabiduría. Al esforzarse por obtener sabiduría, te agradezco por el hecho de que tú lo prosperas[1] porque tiene la mente de Cristo.[2] Gracias porque sus habilidades, capacidades y conocimiento provienen de ti.[3] Que el deseo de mi hijo por los logros académicos se vea satisfecho a causa de su diligencia.[4]

Oro porque practique la obediencia verdaderamente, y no sólo cuando alguien lo vigila sino en todo momento, con corazón sincero, con sincera reverencia por tus caminos. Oro porque trabaje con todo su corazón en sus estudios, porque realmente está trabajando para ti y no para los hombres.[5] Tú y solamente tú estableces la obra de sus manos, haciendo que tu favor lo acompañe en todo lo que hace.[6] Que vea el fruto de sus estudios y lo alientes por medio del gozo de su trabajo.[7] En el nombre de Jesús.

La Palabra de Dios declara

1. "Mas evita profanas y vanas palabrerías, porque conducirán más y más a la impiedad" (2 Timoteo 2:16).
2. "Para dar sagacidad a los simples, y a los jóvenes inteligencia y cordura. Oirá el sabio, y aumentará el saber, y el entendido adquirirá consejo" (Proverbios 1:4-5).
3. "La obra del justo es para vida; mas el fruto del impío es para pecado" (Proverbios 10:16).
4. "El que ama la instrucción ama la sabiduría; mas el que aborrece la reprensión es ignorante" (Proverbios 12:1).
5. "...alumbrando los ojos de vuestro entendimiento, para que sepáis cuál es la esperanza a que él os ha llamado, y cuáles las riquezas de la gloria de su herencia en los santos" (Efesios 1:18).
6. "Es verdad que ninguna disciplina al presente parece ser causa de gozo, sino de tristeza; pero después da fruto apacible de justicia a los que en ella han sido ejercitados" (Hebreos 12:11).

116

Mantener buenas calificaciones

Padre celestial, oro porque ayudes a mi hija a mantener sus buenas calificaciones. Que se niegue a dedicar su tiempo a distracciones y a no prestar atención.[1] Mantén su mente concentrada para ser prudente, ganando en conocimiento y discreción. Haz que sea sabia para obtener entendimiento de sus maestros y temas de estudio.[2]

Padre, haz que ____________ sea buen ejemplo de disciplina, buenas calificaciones y comprensión del modo de vivir ante sus amigos.[3] Haz que ame la disciplina y el conocimiento.[4] Aunque la disciplina de mantener las buenas calificaciones le parezca dolorosa a veces, oro porque tú le abras los ojos del entendimiento,[5] para que vea que la disciplina cristiana produce cosecha de rectitud y paz en quienes se entrenan en ella.[6] En el nombre de Jesús.

La Palabra de Dios declara

1. "[Dios] os haga aptos en toda obra buena para que hagáis su voluntad, haciendo él en vosotros lo que es agradable delante de él por Jesucristo; al cual sea la gloria por los siglos de los siglos. Amén" (Hebreos 13:21).
2. "El simple todo lo cree; mas el avisado mira bien sus pasos" (Proverbios 14:15).
3. "Por tanto, tomad toda la armadura de Dios, para que podáis resistir en el día malo, y habiendo acabado todo, estar firmes" (Efesios 6:13).
4. "Os saluda Epafras, el cual es uno de vosotros, siervo de Cristo, siempre rogando encarecidamente por vosotros en sus oraciones, para que estéis firmes, perfectos y completos en todo lo que Dios quiere" (Colosenses 4:12).
5. "Te haré entender, y te enseñaré el camino en que debes andar; sobre ti fijaré mis ojos" (Salmo 32:8).
6. "Porque ¿quién de vosotros, queriendo edificar una torre, no se sienta primero y calcula los gastos, a ver si tiene lo que necesita para acabarla? No sea que después que haya puesto el cimiento, y no pueda acabarla, todos los que lo vean comiencen a hacer burla de él" (Lucas 14:28-29).
7. "Encomienda a Jehová tus obras, y tus pensamientos serán afirmados" (Proverbios 16:3).

117

Preparación para la universidad o el colegio

Padre, te pido que mi hijo esté equipado con todo lo bueno para cumplir tu voluntad. Obra en él para que pueda complacerte al prepararse para la universidad o el colegio.[1] Gracias por hacer que piense cuidadosamente en los pasos que dará en el futuro.[2]

Oro porque se vista con la armadura de Dios para poder resistirse al diablo en la universidad o el colegio.[3] Mantén a _____________firme en tu voluntad, maduro y con plena confianza en el plan que tú tienes para él.[4]

Gracias por instruir y aconsejar a mi hijo, vigilando su progreso con toda atención.[5] Ayúdale a calcular el costo de su instrucción con cuidado, para asegurarse de poder terminar sus estudios.[6] Prepáralo para lo que se requiera de él cuando llegue a la universidad o el colegio. Te pido que vayas a él dondequiera que esté ahora, y le ayudes a ofrecerte su trabajo para que prospere.[7] En el nombre de Jesús.

La Palabra de Dios declara

1. "Porque sol y escudo es Jehová Dios; gracia y gloria dará Jehová. No quitará el bien a los que andan en integridad" (Salmo 84:11).
2. "Hijitos míos, no amemos de palabra ni de lengua, sino de hecho y en verdad" (1 Juan 3:18).
3. "Bienaventurados los pacificadores, porque ellos serán llamados hijos de Dios. Bienaventurados los que padecen persecución por causa de la justicia, porque de ellos es el reino de los cielos" (Mateo 5:9-10).
4. "Y aunque era Hijo, por lo que padeció aprendió la obediencia" (Hebreos 5:8).
5. "Cada uno temerá a su madre y a su padre, y mis días de reposo* guardaréis. Yo Jehová vuestro Dios" (Levítico 19:3).
6. "Bienaventurado el varón que no anduvo en consejo de malos, ni estuvo en camino de pecadores, ni en silla de escarnecedores se ha sentado" (Salmo 1:1).

118

Relación con sus maestros

Gracias, Padre, porque mi hija recibe todo honor y cosa buena imaginable a causa de que derramas tu favor sobre su relación con sus maestros.[1] Oro porque mi hija no utilice palabras vanas para obtener favor de sus maestros, sino que realmente los ame y respete con el amor de Cristo, y lo demuestre a diario en sus actos.[2] Oro porque como hija de Dios busque la paz con todos los maestros, aún cuando se sienta maltratada.[3]

Te pido que siga el ejemplo de Cristo de obediencia, a pesar de la posibilidad de circunstancias adversas.[4] Otórgale a mi hija el coraje de poner en práctica el respeto.[5] Impide que siga a la multitud, andando con personas que se burlan de quienes están en autoridad.[6] En el nombre de Jesús.

La Palabra de Dios declara

1. "...alumbrando los ojos de vuestro entendimiento, para que sepáis cuál es la esperanza a que él os ha llamado, y cuáles las riquezas de la gloria de su herencia en los santos" (Efesios 1:18).
2. "Oh hombre, él te ha declarado lo que es bueno, y qué pide Jehová de ti: solamente hacer justicia, y amar misericordia, y humillarte ante tu Dios" (Miqueas 6:8).
3. "Pero si mejorareis cumplidamente vuestros caminos y vuestras obras; si con verdad hiciereis justicia entre el hombre y su prójimo, y no oprimiereis al extranjero, al huérfano y a la viuda, ni en este lugar derramareis la sangre inocente, ni anduviereis en pos de dioses ajenos para mal vuestro" (Jeremías 7:5-6).
4. "También os rogamos, hermanos, que amonestéis a los ociosos, que alentéis a los de poco ánimo, que sostengáis a los débiles, que seáis pacientes para con todos" (1 Tesalonicenses 5:14).
5. "No harás injusticia en el juicio, ni favoreciendo al pobre ni complaciendo al grande; con justicia juzgarás a tu prójimo" (Levítico 19:15).
6. "Y cuando Jehová les levantaba jueces, Jehová estaba con el juez, y los libraba de mano de los enemigos todo el tiempo de aquel juez; porque Jehová era movido a misericordia por sus gemidos a causa de los que los oprimían y afligían" (Jueces 2:18).
7. "Por tanto, Jehová esperará para tener piedad de vosotros, y por tanto, será exaltado teniendo de vosotros misericordia; porque Jehová es Dios justo; bienaventurados todos los que confían en él" (Isaías 30:18).
8. "...el cual nos consuela en todas nuestras tribulaciones, para que podamos también nosotros consolar a los que están en cualquier tribulación, por medio de la consolación con que nosotros somos consolados por Dios" (2 Corintios 1:4).
9. "Vestíos, pues, como escogidos de Dios, santos y amados, de entrañable misericordia, de benignidad, de humildad, de mansedumbre, de paciencia" (Colosenses 3:12).

119

Sobreponerse al prejuicio

Padre celestial, te pido que abras los ojos del entendimiento de mi hijo[1] haciendo que comprenda que como hijo de Dios, tú esperas que actúe con justicia, que ame la misericordia y que ande en humildad contigo.[2] Reprendo al prejuicio y declaro que no tiene parte alguna en su vida. Haz que sea justo y equitativo con todos, sin oprimir a quienes puedan ser diferentes a él.[3] Que ______________ sea amigo de los demás para poder apoyar al tímido, ayudar al débil y ser paciente.[4] Que nunca muestre parcialidad o favoritismo, sino que sea justo con todos.[5]

Te pido, Padre, que sea movido a compasión por quienes son oprimidos por otros.[6] Que muestre gracia, misericordia y sea lleno de justicia.[7] Enséñale a consolar a quienes sufren a causa del prejuicio, con el mismo consuelo que él recibe de ti.[8] Vístelo con misericordia, benignidad, humildad, mansedumbre y paciencia.[9] En el nombre de Jesús.

La Palabra de Dios declara

1. "Sea la luz de Jehová nuestro Dios sobre nosotros, y la obra de nuestras manos confirma sobre nosotros; sí, la obra de nuestras manos confirma" (Salmo 90:17).
2. "Y todo lo que hagáis, hacedlo de corazón, como para el Señor y no para los hombres" (Colosenses 3:23).
3. "Encomienda a Jehová tus obras, y tus pensamientos serán afirmados" (Proverbios 16:3).
4. "Por el camino de la sabiduría te he encaminado, y por veredas derechas te he hecho andar" (Proverbios 4:11).
5. "Los sabios guardan la sabiduría; mas la boca del necio es calamidad cercana" (Proverbios 10:14).
6. "El corazón del entendido adquiere sabiduría; y el oído de los sabios busca la ciencia" (Proverbios 18:15).
7. "Todo lo puedo en Cristo que me fortalece" (Filipenses 4:13).

120

Tareas y trabajos

Padre celestial, te pido que confirmes la obra de las manos de ______________ .[1] Te pido que hagas que obedezca las reglas de sus profesores o maestros y complete todas sus tareas. Que no lo haga sólo para ganar el favor de ellos, sino que trabaje con todo su corazón, sinceramente trabajando para ti y no para los hombres.[2] Cuando encomiende su obra a ti, que sus planes tengan confirmación de éxito.[3] Gracias por guiar a mi hija en el camino de la sabiduría y por enderezar sus veredas.[4]

Ayúdala a comprender la importancia de aumentar su conocimiento al completar sus tareas de clases.[5] Otórgale discernimiento y habilidad para escuchar en la clase, y así esté preparada para cumplir con sus trabajos y tareas.[6]

Te alabo por darle fuerza sobrenatural para preparar cada una de sus tareas. ¡Todo lo puede ella en Cristo que la fortalece![7] En el nombre de Jesús.

La Palabra de Dios declara

1. "Acuérdate de tu Creador en los días de tu juventud, antes que vengan los días malos, y lleguen los años de los cuales digas: No tengo en ellos contentamiento" (Eclesiastés 12:1).
2. "Cantad alegres a Dios, habitantes de toda la tierra [...] Reconoced que Jehová es Dios; él nos hizo, y no nosotros a nosotros mismos; pueblo suyo somos, y ovejas de su prado" (Salmo 100:1, 3).
3. "Y creó Dios al hombre a su imagen, a imagen de Dios lo creó; varón y hembra los creó" (Génesis 1:27).
4. "...alumbrando los ojos de vuestro entendimiento, para que sepáis cuál es la esperanza a que él os ha llamado, y cuáles las riquezas de la gloria de su herencia en los santos" (Efesios 1:18).
5. "Porque las cosas invisibles de él, su eterno poder y deidad, se hacen claramente visibles desde la creación del mundo, siendo entendidas por medio de las cosas hechas, de modo que no tienen excusa" (Romanos 1:20).
6. "Estad, pues, firmes, ceñidos vuestros lomos con la verdad, y vestidos con la coraza de justicia" (Efesios 6:14).
7. "Mas evita profanas y vanas palabrerías, porque conducirán más y más a la impiedad" (2 Timoteo 2:16).
8. "Cuando hubieron orado, el lugar en que estaban congregados tembló; y todos fueron llenos del Espíritu Santo, y hablaban con denuedo la palabra de Dios" (Hechos 4:31).

121

Temas sobre la evolución/creación

Padre celestial, gracias por revelarle a mi hijo la verdad acerca de tu creación. Gracias porque te conoce como Creador.[1] Que tu Espíritu Santo testifique en su corazón que la vida no es un accidente, sino que tú nos creaste.[2] Creaste a mi hijo a tu imagen y semejanza.[3] Mantén los ojos de su entendimiento abiertos hacia ti,[4] para que pueda ver y entender claramente tu poder eterno y tu naturaleza divina obrando en su vida.[5]

Oro porque ________________ se ciña el cinto de tu verdad[6] para que pueda reconocer las filosofías no cristianas del hombre.[7] Gracias por llenar a mi hijo con tu Espíritu Santo, para que pueda pronunciar la Palabra de Dios sobre tu creación con toda valentía.[8] Amén.

La Palabra de Dios declara

1. "Porque por gracia sois salvos por medio de la fe; y esto no de vosotros, pues es don de Dios" (Efesios 2:8).
2. "Ninguno tenga en poco tu juventud, sino sé ejemplo de los creyentes en palabra, conducta, amor, espíritu, fe y pureza" (1 Timoteo 4:12).
3. "Vosotros sois la luz del mundo; una ciudad asentada sobre un monte no se puede esconder. Ni se enciende una luz y se pone debajo de un almud, sino sobre el candelero, y alumbra a todos los que están en casa" (Mateo 5:14-15).
4. "El temor del hombre pondrá lazo; mas el que confía en Jehová será exaltado" (Proverbios 29:25).
5. "Porque no me avergüenzo del evangelio, porque es poder de Dios para salvación a todo aquel que cree; al judío primeramente, y también al griego" (Romanos 1:16).
6. "No dejes a tu amigo, ni al amigo de tu padre; ni vayas a la casa de tu hermano en el día de tu aflicción. Mejor es el vecino cerca que el hermano lejos" (Proverbios 27:10).
7. "Antes sed benignos unos con otros, misericordiosos, perdonándoos unos a otros, como Dios también os perdonó a vosotros en Cristo" (Efesios 4:32).
8. "En esto conocerán todos que sois mis discípulos, si tuviereis amor los unos con los otros" (Juan 13:35).
9. "Nunca se aparten de ti la misericordia y la verdad; átalas a tu cuello, escríbelas en la tabla de tu corazón; y hallarás gracia y buena opinión ante los ojos de Dios y de los hombres" (Proverbios 3:3-4).

122

Testimonio cristiano

Padre celestial, gracias porque ________________ ha confiado su vida a Jesús y ha sido salvada por tu gracia y bondad. La salvación es tu regalo para ella.[1] Te pido que la ayudes a dar ese regalo a los demás. Ayúdale a ser ejemplo ante los demás en todo lo que haga: en sus palabras, su conducta y actitud.[2]

La has llamado para ser luz del mundo, como una ciudad sobre un monte, que no puede esconderse. Dale la valentía de hacer que su luz brille ante todos, para que te glorifiquen a causa de sus buenas obras.[3] Aléjala del temor de los hombres.[4] No sentirá vergüenza de hablar el evangelio porque es poder de Dios para la salvación.[5]

Haz que sea amiga fiel,[6] que se esfuerce por ser buena con los demás.[7] Permite que vean su amor por los demás para que sepan que ella es tu discípula.[8] Muéstrale a ________________ a caminar en amor en todo momento, y a ser amiga sincera para que pueda hallar gracia y buena opinión ante tus ojos y de los hombres.[9] Amén.

La Palabra de Dios declara

1. "Integridad y rectitud me guarden, porque en ti he esperado" (Salmo 25:21).
2. "No os ha sobrevenido ninguna tentación que no sea humana; pero fiel es Dios, que no os dejará ser tentados más de lo que podéis resistir, sino que dará también juntamente con la tentación la salida, para que podáis soportar" (1 Corintios 10:13).
3. "El que camina en integridad anda confiado; mas el que pervierte sus caminos será quebrantado" (Proverbios 10:9).
4. "La integridad de los rectos los encaminará; pero destruirá a los pecadores la perversidad de ellos" (Proverbios 11:3).
5. "Y conoceréis la verdad, y la verdad os hará libres" (Juan 8:32).
6. "Así responderá por mí mi honradez mañana, cuando vengas a reconocer mi salario" (Génesis 30:33).
7. "Yo sé, Dios mío, que tú escudriñas los corazones, y que la rectitud te agrada; por eso yo con rectitud de mi corazón voluntariamente te he ofrecido todo esto, y ahora he visto con alegría que tu pueblo, reunido aquí ahora, ha dado para ti espontáneamente" (1 Crónicas 29:17).

123

Trampa en los exámenes

Padre celestial, haz que la integridad y la rectitud protejan a mi hijo porque en ti está su esperanza.[1] Oro para que alejes de él la tentación de cometer trampa en sus estudios, sabiendo que tú siempre provees una vía de salida de esa tentación.[2] Ayúdalo a andar seguro, evitando los caminos torcidos, demostrando tu integridad en sus acciones.[3]

Señor, que la honestidad sea una guía para ________________. Aléjalo de la falsedad y de la perversidad que destruye.[4] Gracias porque practicará la verdad; y porque la verdad lo hace libre.[5] Que su honestidad sea testimonio de su buen carácter,[6] trayendo gloria a tu nombre. Sé que tú pones a prueba el corazón de los hombres, y que te complacerás en la integridad de mi hijo que te sirve.[7] En el nombre de Jesús.

Sección V

ORACIONES PARA ENFRENTARSE A LA VIDA

La Palabra de Dios declara

1. "La mano de los diligentes señoreará; mas la negligencia será tributaria" (Proverbios 12:24).
2. "La mano negligente empobrece; mas la mano de los diligentes enriquece" (Proverbios 10:4).
3. "Todas las naciones que hiciste vendrán y adorarán delante de ti, Señor, y glorificarán tu nombre" (Salmo 86:9).
4. "Te alabaré, oh Jehová Dios mío, con todo mi corazón, y glorificaré tu nombre para siempre" (Salmo 86:12).
5. "Encomienda a Jehová tus obras, y tus pensamientos serán afirmados" (Proverbios 16:3).
6. "Si permanecéis en mí, y mis palabras permanecen en vosotros, pedid todo lo que queréis, y os será hecho" (Juan 15:7).
7. "Ninguno tenga en poco tu juventud, sino sé ejemplo de los creyentes en palabra, conducta, amor, espíritu, fe y pureza" (1 Timoteo 4:12).
8. "No lo digo porque tenga escasez, pues he aprendido a contentarme, cualquiera que sea mi situación" (Filipenses 4:11).
9. "Haciendo estar atento tu oído a la sabiduría; si inclinares tu corazón a la prudencia, si clamares a la inteligencia, y a la prudencia dieres tu voz; si como a la plata la buscares, y la escudriñares como a tesoros, entonces entenderás el temor de Jehová, y hallarás el conocimiento de Dios. Porque Jehová da la sabiduría, y de su boca viene el conocimiento y la inteligencia. Él provee de sana sabiduría a los rectos; es escudo a los que caminan rectamente" (Proverbios 2:2-7).

124

Buenos hábitos de trabajo

Padre celestial, vengo ante ti el día de hoy para presentarte los hábitos de trabajo de _______________. Gracias por hacer de mi hija una persona laboriosa.[1] Mi hija no es perezosa, sino diligente en todo lo que hace.[2] Te pido, Señor, que en todo ella sea laboriosa y no sólo habladora, ni que preste oídos nada más. Gracias porque ella te traerá gloria.[3] Te pido que enciendas tu pasión en su espíritu, haciendo que trabaje con todo su corazón.[4] Que se entregue enteramente al trabajo al que tú le has llamado. Todo lo que haga será encomendado a ti, y sus planes prosperarán.[5] Mi hija prospera porque tu Palabra permanece en ella,[6] en el nombre de Jesús.

Padre, que mi hija sea ejemplo para los demás.[7] Que sus buenos hábitos de trabajo contagien a los que la rodean. Te pido que trabaje con la actitud correcta y de buen corazón.[8] Haz que sea disciplinada en todo lo que haga para que la disciplina sea su modo de vida.[9] En el nombre de Jesús.

La Palabra de Dios declara

1. "Porque todos los que son guiados por el Espíritu de Dios, éstos son hijos de Dios" (Romanos 8:14).
2. "Yo amo a los que me aman, y me hallan los que temprano me buscan" (Proverbios 8:17).
3. "Y me buscaréis y me hallaréis, porque me buscaréis de todo vuestro corazón" (Jeremías 29:13).
4. "Porque tú eres mi roca y mi castillo; por tu nombre me guiarás y me encaminarás" (Salmo 31:3).
5. "El que guarda el mandamiento no experimentará mal; y el corazón del sabio discierne el tiempo y el juicio. Porque para todo lo que quisieres hay tiempo y juicio; porque el mal del hombre es grande sobre él" (Eclesiastés 8:5-6).
6. "Y cuando ha sacado fuera todas las propias, va delante de ellas; y las ovejas le siguen, porque conocen su voz" (Juan 10:4).
7. "Así que, hermanos, os ruego por las misericordias de Dios, que presentéis vuestros cuerpos en sacrificio vivo, santo, agradable a Dios, que es vuestro culto racional. No os conforméis a este siglo, sino transformaos por medio de la renovación de vuestro entendimiento, para que comprobéis cuál sea la buena voluntad de Dios, agradable y perfecta" (Romanos 12:1-2).

125

Dirección

Querido Padre celestial, sólo quiero alabarte hoy por los privilegios de ser hijo de Dios. Gracias porque uno de esos privilegios es el de ser guiado por tu Espíritu.[1] Urge a mi hijo a buscar tu dirección;[2] porque al buscarte, te encontrará.[3] Señor, al ___________ buscarte, sabrá exactamente qué planes seguir. Ayúdale a reconocer que tú eres su roca y su fortaleza, y que guiarás su vida.[4]

Padre, te agradezco por discernir los tiempos y tu obrar en todo.[5] Te pido que tu Espíritu le sea tan real que sea sensible a tu voz,[6] y siga la dirección que tienes para él. Ayúdale a conformarse a tu imagen y a renovar su mente, para que conozca cuál sea tu buena voluntad, agradable y perfecta, en cada paso de su vida.[7] Gracias por hacer que mi hijo camine en tu voluntad con confianza y valentía. ¡En el nombre de Jesús!

La Palabra de Dios declara

1. “Encomienda a Jehová tus obras, y tus pensamientos serán afirmados” (Proverbios 16:3).
2. “Ocúpate en estas cosas; permanece en ellas, para que tu aprovechamiento sea manifiesto a todos” (1 Timoteo 4:15).
3. “El alma del perezoso desea, y nada alcanza; mas el alma de los diligentes será prosperada” (Proverbios 13:4).
4. “Hijo mío, si recibieres mis palabras, y mis mandamientos guardares dentro de ti, haciendo estar atento tu oído a la sabiduría; si inclinares tu corazón a la prudencia, si clamares a la inteligencia, y a la prudencia dieres tu voz; si como a la plata la buscares, y la escudriñares como a tesoros, entonces entenderás el temor de Jehová, y hallarás el conocimiento de Dios. Porque Jehová da la sabiduría, y de su boca viene el conocimiento y la inteligencia” (Proverbios 2:1-6).
5. “La mano de los diligentes señoreará; mas la negligencia será tributaria [...] El indolente ni aun asará lo que ha cazado” (Proverbios 12:24, 27).
6. “Prosigo a la meta, al premio del supremo llamamiento de Dios en Cristo Jesús” (Filipenses 3:14).

126
Establecer metas

Padre celestial, gracias por los planes y el llamado que tienes para mi hija. Te pido que le hagas comprender tus planes. Haz que los encomiende a ti, porque tú has prometido que prosperarán.[1]

Al comenzar a establecer objetivos para el futuro, te pido que le otorgues a ___________ la diligencia necesaria para cumplir estos planes con todo su corazón.[2] Gracias porque los deseos del diligente serán satisfechos.[3] Enséñale a usar la sabiduría en todas las áreas y dale entendimiento.[4]

Gracias, Padre, porque no será perezosa,[5] sino decidida a cumplir todos los objetivos que pongas en su corazón. Que tu pasión se encienda en ella; que prosiga a la meta, hacia el premio del llamamiento de Dios.[6] Gracias por hacer de mi hija una establecedora de metas y cumplidora de objetivos. En el nombre de Jesús.

La Palabra de Dios declara

1. "Para entender sabiduría y doctrina, para conocer razones prudentes, para recibir el consejo de prudencia, justicia, juicio y equidad; para dar sagacidad a los simples, y a los jóvenes inteligencia y cordura. Oirá el sabio, y aumentará el saber, y el entendido adquirirá consejo, para entender proverbio y declaración, palabras de sabios, y sus dichos profundos. El principio de la sabiduría es el temor de Jehová; los insensatos desprecian la sabiduría y la enseñanza" (Proverbios 1:2-7).
2. "Pero la unción que vosotros recibisteis de él permanece en vosotros, y no tenéis necesidad de que nadie os enseñe; así como la unción misma os enseña todas las cosas, y es verdadera, y no es mentira, según ella os ha enseñado, permaneced en él" (1 Juan 2:27).
3. "Por Jehová son ordenados los pasos del hombre, y él aprueba su camino" (Salmo 37:23).
4. "Mas buscad primeramente el reino de Dios y su justicia, y todas estas cosas os serán añadidas" (Mateo 6:33).
5. "Honra a tu padre y a tu madre, que es el primer mandamiento con promesa" (Efesios 6:2).
6. "...no dejando de congregarnos, como algunos tienen por costumbre, sino exhortándonos; y tanto más, cuanto veis que aquel día se acerca" (Hebreos 10:25).
7. "No erréis; las malas conversaciones corrompen las buenas costumbres" (1 Corintios 15:33).
8. "Y salieron los hijos de Israel a combatir contra Benjamín, y los varones de Israel ordenaron la batalla contra ellos junto a Gabaa" (Judas 20).

127

Establecer prioridades

Querido Padre celestial, gracias por ayudar a que mi hijo establezca sus prioridades. Oro porque mi hijo utilice tu sabiduría en todas las cosas.[1]

Proclamo tu unción para que lo guíes en su camino.[2] Tu Espíritu está ayudándole a establecer su vida como prioridad, porque sus pasos están ordenados por ti.[3] Te pido que en todo lo que haga mi hijo, te tenga a ti como prioridad. Haz que busque primeramente tu reino y tu justicia.[4] Oro porque respete a quienes tienen autoridad sobre él, honrándonos como padres[5] y recordando a nuestra familia.

Ayúdale a mantenerse conectado con tu Palabra y con la iglesia.[6] Oro porque sepa elegir a sus amigos con sabiduría, prefiriendo siempre las buenas compañías.[7] Gracias por ayudar a mi hijo a edificarse en ti por sobre todas las cosas.[8]

Gracias, Padre, porque ____________ está estableciendo sus prioridades de acuerdo a tu Palabra. En el nombre de Jesús.

La Palabra de Dios declara

1. "Toda buena dádiva y todo don perfecto desciende de lo alto, del Padre de las luces, en el cual no hay mudanza, ni sombra de variación" (Santiago 1:17).
2. "Mi Dios, pues, suplirá todo lo que os falta conforme a sus riquezas en gloria en Cristo Jesús" (Filipenses 4:19).
3. "...para que estéis enriquecidos en todo para toda liberalidad, la cual produce por medio de nosotros acción de gracias a Dios" (2 Corintios 9:11).
4. "Y Jehová te dé entendimiento y prudencia, para que cuando gobiernes a Israel, guardes la ley de Jehová tu Dios" (1 Crónicas 22:12).
5. "Porque Jehová da la sabiduría, y de su boca viene el conocimiento y la inteligencia" (Proverbios 2:6).
6. "Los proverbios de Salomón, hijo de David, rey de Israel. Para entender sabiduría y doctrina, para conocer razones prudentes, para recibir el consejo de prudencia, justicia, juicio y equidad; para dar sagacidad a los simples, y a los jóvenes inteligencia y cordura. Oirá el sabio, y aumentará el saber, y el entendido adquirirá consejo" (Proverbios 1:1-5).
7. "Y dijo el Señor: ¿Quién es el mayordomo fiel y prudente al cual su señor pondrá sobre su casa, para que a tiempo les dé su ración?" (Lucas 12:42).
8. "Procura con diligencia presentarte a Dios aprobado, como obrero que no tiene de qué avergonzarse, que usa bien la palabra de verdad" (2 Timoteo 2:15).

128

Manejo de sus finanzas

Padre celestial, tú eres *Jehovah Jireh*, el Señor y mi proveedor. Gracias, Señor porque provees a mi hija toda buena dádiva y todo don perfecto.[1] Gracias, Jesús, por cubrir todas sus necesidades conforme a tus riquezas en gloria[2] y por prosperarle en toda forma para que pueda ser generosa en toda ocasión.[3]

Jesús, te pido tu sabiduría y entendimiento sobre las finanzas para ____________________.[4] Otórgale ideas e ingenio para que produzca prosperidad que le bendiga a ella y a quienes le rodean.[5] Te pido hoy que le des sabiduría en el área de la disciplina y el manejo de las finanzas.[6] Haz que sea buena administradora de su dinero.[7] Oro porque aprenda a manejar sus finanzas con eficiencia. Padre, pon en ella el deseo de aprender a administrar.[8] Gracias porque no será necia en lo que respecta al dinero. Bendícela con tu sabiduría hoy. En el nombre de Jesús.

La Palabra de Dios declara

1. "Todo tiene su tiempo, y todo lo que se quiere debajo del cielo tiene su hora" (Eclesiastés 3:1).
2. "Luego les dijo: Id, comed grosuras, y bebed vino dulce, y enviad porciones a los que no tienen nada preparado; porque día santo es a nuestro Señor; no os entristezcáis, porque el gozo de Jehová es vuestra fuerza" (Nehemías 8:10).
3. "Buscad a Jehová y su poder; buscad su rostro continuamente" (1 Crónicas 16:11).
4. "...aprovechando bien el tiempo, porque los días son malos" (Efesios 5:16).
5. "Someteos, pues, a Dios; resistid al diablo, y huirá de vosotros" (Santiago 4:7).
6. "Su señor le dijo: Bien, buen siervo y fiel; sobre poco has sido fiel, sobre mucho te pondré; entra en el gozo de tu señor" (Mateo 25:23).

129

MANEJO EFECTIVO DEL TIEMPO

Padre celestial, gracias por darme la oportunidad de ser padre/madre de _____________. Vengo ante ti hoy para elevarlo en oración. Oro porque sepa administrar su tiempo con sabiduría.[1] Llénalo de tu gozo y fortaleza.[2] Otórgale sabiduría para tomar decisiones correctas. Y te pido que no permitas que se ocupe demasiado como para consumirse.

Te pido ante todo que lo ayudes a apartar tiempo para dedicarlo a ti. De hecho, te pido que busque primeramente tu reino por sobre todas las cosas,[3] estableciéndote como prioridad en su vida. Otórgale a mi hijo sabiduría sobrenatural para poder aprovechar su tiempo al máximo.[4] Oro porque mi hijo aprenda a dejar de lado lo que no importa, concentrándose en lo importante. Tomo autoridad sobre el enemigo que intente entrar y robar el tiempo y la atención de mi hijo.[5] Gracias porque será buen administrador del tiempo que tú le has dado.[6] En el nombre de Jesús.

La Palabra de Dios declara

1. "Jehová es mi pastor; nada me faltará" (Salmo 23:1).
2. "Mas buscad primeramente el reino de Dios y su justicia, y todas estas cosas os serán añadidas" (Mateo 6:33).
3. "Los leoncillos necesitan, y tienen hambre; pero los que buscan a Jehová no tendrán falta de ningún bien" (Salmo 34:10).
4. "Toda buena dádiva y todo don perfecto desciende de lo alto, del Padre de las luces, en el cual no hay mudanza, ni sombra de variación" (Santiago 1:17).

130

Oportunidades de trabajo

Padre, mi hija necesita un empleo. Te agradezco porque eres el Buen Pastor, y nada nos faltará.[1] Por eso te pido hoy mismo que abras las puertas de un empleo adecuado para mi hija –no sólo cualquier empleo, sino uno efectivo y con buena paga. Que encuentre un empleo que le permita lograr todo su potencial.

Al buscar primeramente tu reino y tu justicia, nos prometes que todas las demás cosas vendrán por añadidura.[2] Al buscar tu rostro por mi hija, sé que nada me faltará.[3] Tú eres el dador de toda dádiva y todo don perfecto.[4] Por eso, a mi hija ______________ le pertenece un buen empleo. Te alabo y agradezco por ello hoy. En el nombre de Jesús.

La Palabra de Dios declara

1. "Por Jehová son ordenados los pasos del hombre, y él aprueba su camino" (Salmo 37:23).
2. "Porque tú eres mi roca y mi castillo; por tu nombre me guiarás y me encaminarás" (Salmo 31:3).
3. "Acércate tú, y oye todas las cosas que dijere Jehová nuestro Dios; y tú nos dirás todo lo que Jehová nuestro Dios te dijere, y nosotros oiremos y haremos" (Deuteronomio 5:27).
4. "Y tú, Salomón, hijo mío, reconoce al Dios de tu padre, y sírvele con corazón perfecto y con ánimo voluntario; porque Jehová escudriña los corazones de todos, y entiende todo intento de los pensamientos. Si tú le buscares, lo hallarás; mas si lo dejares, él te desechará para siempre" (1 Crónicas 28:9).
5. "...y calzados los pies con el apresto del evangelio de la paz" (Efesios 6:15).
6. "Porque tú eres mi roca y mi castillo; por tu nombre me guiarás y me encaminarás" (Salmo 31:3).
7. "Me has guiado según tu consejo, y después me recibirás en gloria" (Salmo 73:24).
8. "Antes, en todas estas cosas somos más que vencedores por medio de aquel que nos amó" (Romanos 8:37).

131

Preparación para el futuro

Padre celestial, vengo ante ti hoy para alabarte por mi hijo ________________. Ayúdale a dar los pasos correctos mientras se prepara para el futuro. Gracias porque eres tú quien ordena sus pasos[1] guiándolo en el camino correcto.[2] Haz que oiga tu voz y haga lo que tú le indicas.[3]

Pido que se prepare para el futuro pasando tiempo con tu Palabra y en oración.[4] Así como calzamos nuestros pies con el apresto del evangelio de la paz,[5] te pido que prepares a mi hijo en espíritu, alma y cuerpo para la tarea que tú tienes planeada para él. Gracias, Padre, porque eres la roca y la fortaleza de mi hijo, y tú lo guías a toda verdad.[6] Gracias por dirigirlo con tus consejos.[7] ¡Mi hijo es más que vencedor, con la victoria y el éxito para su futuro![8] En el nombre de Jesús.

La Palabra de Dios declara

1. "Bendice, alma mía, a Jehová, y no olvides ninguno de sus beneficios" (Salmo 103:2).
2. "Jehová es mi pastor; nada me faltará" (Salmo 23:1).
3. "Para hacer que los que me aman tengan su heredad, y que yo llene sus tesoros" (Proverbios 8:21).
4. "El bueno dejará herederos a los hijos de sus hijos; pero la riqueza del pecador está guardada para el justo" (Proverbios 13:22).
5. "El mal perseguirá a los pecadores, mas los justos serán premiados con el bien" (Proverbios 13:21).
6. "El justo come hasta saciar su alma; mas el vientre de los impíos tendrá necesidad" (Proverbios 13:25).
7. "En la casa del justo hay gran provisión; pero turbación en las ganancias del impío" (Proverbios 15:6).
8. "Porque mía es toda bestia del bosque, y los millares de animales en los collados" (Salmo 50:10).
9. "Pero sin fe es imposible agradar a Dios; porque es necesario que el que se acerca a Dios crea que le hay, y que es galardonador de los que le buscan" (Hebreos 11:6).

132

Prosperidad en las finanzas

Padre celestial, gracias por la salvación tan grande, comprada por Jesús para mí en la cruz, y por todos los beneficios que vienen con esa salvación. ¡Con todo mi corazón me propongo no olvidar ninguno de estos beneficios![1]

Tú eres *Jehovah Jireh*, el proveedor de mi hija. Tú eres su Pastor, y nada le faltará.[2] Padre, en tu Palabra declaras que tú prosperarás a quienes te aman y llenarás sus tesoros.[3] Gracias, porque has guardado la riqueza del pecador para el justo.[4] La prosperidad le pertenece a mi hija.[5] Comerá hasta saciar su alma.[6]

Gracias porque hay gran provisión en la casa del justo.[7] A ti, Padre, pertenecen los millares de animales en los collados.[8] ¡Pronuncio prosperidad financiera sobre la vida de _______________ ahora mismo en el nombre de Jesús! Te alabo porque recompensas a quienes te buscan con diligencia.[9] Gracias, Padre, por las abundantes bendiciones que tienes para mi hija en este día. Amén.

La Palabra de Dios declara

1. "Hierro con hierro se aguza; y así el hombre aguza el rostro de su amigo" (Proverbios 27:17).
2. "Por causa del Señor someteos a toda institución humana, ya sea al rey, como a superior [...] Criados, estad sujetos con todo respeto a vuestros amos; no solamente a los buenos y afables, sino también a los difíciles de soportar" (1 Pedro 2:13, 18).
3. "Ninguno tenga en poco tu juventud, sino sé ejemplo de los creyentes en palabra, conducta, amor, espíritu, fe y pureza" (1 Timoteo 4:12).
4. "Así alumbre vuestra luz delante de los hombres, para que vean vuestras buenas obras, y glorifiquen a vuestro Padre que está en los cielos" (Mateo 5:16).
5. "Porque tú, oh Jehová, bendecirás al justo; como con un escudo lo rodearás de tu favor" (Salmo 5:12).

133

Relación entre empleado y empleador

Padre celestial, elevo el empleo de mi hijo ante ti. Gracias por las buenas y sólidas relaciones que se establecerán en su trabajo. Oro porque busque influencias buenas y cristianas que la alienten y a quienes pueda alentar, aguzando el carácter mutuamente.[1] Gracias, Señor, por su sumisión ante sus empleadores, lo cual le traerá tu favor.[2] Que sea buen ejemplo en su lugar de trabajo, en palabra, actitud y conducta.[3] Que cuando su jefe o sus compañeros de trabajo lo vean, te vean a ti. Que su luz brille.[4] Úsalo en su lugar de trabajo como instrumento para tu gloria.

Gracias, Señor, porque mi hijo está llegando a ser el mejor trabajador que tiene su empleador; que el favor que le das a mi hijo lo rodee como escudo.[5] ¡En el nombre de Jesús!

La Palabra de Dios declara

1. "Mi Dios, pues, suplirá todo lo que os falta conforme a sus riquezas en gloria en Cristo Jesús" (Filipenses 4:19).
2. "El ladrón no viene sino para hurtar y matar y destruir; yo he venido para que tengan vida, y para que la tengan en abundancia" (Juan 10:10).
3. "No tienen en poco al ladrón si hurta para saciar su apetito cuando tiene hambre; pero si es sorprendido, pagará siete veces; entregará todo el haber de su casa" (Proverbios 6:30-31).
4. "Acerquémonos, pues, confiadamente al trono de la gracia, para alcanzar misericordia y hallar gracia para el oportuno socorro" (Hebreos 4:16).
5. "Mas por él estáis vosotros en Cristo Jesús, el cual nos ha sido hecho por Dios sabiduría, justificación, santificación y redención" (1 Corintios 1:30).
6. "Bendito sea el Dios y Padre de nuestro Señor Jesucristo, que nos bendijo con toda bendición espiritual en los lugares celestiales en Cristo" (Efesios 1:3).

134

SALIR DE DEUDAS

Querido Padre, gracias por que eres nuestro proveedor. Gracias, Señor, por cubrir nuestras necesidades conforme a tus riquezas en gloria.[1] El diablo viene a robar, matar y destruir. Pero tú, Señor, has venido para que tengamos vida en abundancia.[2] Por ello, te agradezco por quebrar el poder de la deuda en la vida de ______________ ahora mismo. Reprendo al diablo y le ordeno devolver siete veces todo lo que le ha robado a mi hija.[3] ¡Y en el nombre de Jesús declaro por fe que mi hija será libre de toda deuda!

Padre, tú declaras en tu Palabra que vengamos confiadamente ante el trono de tu gracia para hallar oportuno socorro.[4] Vengo ante ti hoy para obtener libertad financiera para mi hija. Gracias por darle tu sabiduría[5] y disciplina, para que administre sus finanzas con sabiduría a partir de hoy. Me afirmo en tu Palabra, ¡declarando que desde este día mi hija es bendecida y será bendición en el nombre de Jesús![6]

La Palabra de Dios declara

1. "Por Jehová son ordenados los pasos del hombre, y él aprueba su camino" (Salmo 37:23).
2. "Porque yo sé los pensamientos que tengo acerca de vosotros, dice Jehová, pensamientos de paz, y no de mal, para daros el fin que esperáis" (Jeremías 29:11).
3. "No os conforméis a este siglo, sino transformaos por medio de la renovación de vuestro entendimiento, para que comprobéis cuál sea la buena voluntad de Dios, agradable y perfecta" (Romanos 12:2).
4. "...pues Dios no es Dios de confusión, sino de paz. Como en todas las iglesias de los santos" (1 Corintios 14:33).
5. "Porque si callas absolutamente en este tiempo, respiro y liberación vendrá de alguna otra parte para los judíos; mas tú y la casa de tu padre pereceréis. ¿Y quién sabe si para esta hora has llegado al reino?" (Ester 4:14).
6. "Porque tú, oh Jehová, bendecirás al justo; como con un escudo lo rodearás de tu favor" (Salmo 5:12).
7. "...porque se me ha abierto puerta grande y eficaz, y muchos son los adversarios" (1 Corintios 16:9).

135

Selección de carrera profesional

Padre celestial, gracias por darle a mi hijo dirección con respecto a la elección de su carrera, porque tú estás ordenando sus pasos y poniendo tus deseos en su corazón.[1] Gracias por el plan de prosperidad que tienes para la vida de mi hijo, un plan de esperanza y buen futuro.[2] Gracias por abrir los ojos de su entendimiento y mostrarle cuál sea tu buena voluntad, agradable y perfecta, para su vida.[3] ¡Otórgale revelación y entendimiento sobre qué hacer! Dale claro entendimiento y una sola mente, porque tú no eres autor de confusión.[4] ¡Que su mente esté alerta y su corazón receptivo en tu poderoso nombre!

Te pido que sea éste un momento especial en la vida de mi hijo, en preparación para su destino final. Gracias, Padre, por preparar a mi hijo para un momento así.[5] Te doy gracias Señor, porque al momento de iniciar su carrera, tú lo rodeas con escudo de favor.[6] Gracias por abrirle puertas efectivas de oportunidad en el día de hoy.[7] Amén.

La Palabra de Dios declara

1. "Y después de esto derramaré mi Espíritu sobre toda carne, y profetizarán vuestros hijos y vuestras hijas; vuestros ancianos soñarán sueños, y vuestros jóvenes verán visiones" (Joel 2:28).
2. "Sin profecía el pueblo se desenfrena; mas el que guarda la ley es bienaventurado" (Proverbios 29:18).
3. "Y Jehová me respondió, y dijo: Escribe la visión, y declárala en tablas, para que corra el que leyere en ella" (Habacuc 2:2).
4. "Fiel es el que os llama, el cual también lo hará" (1 Tesalonicenses 5:24).
5. "No os conforméis a este siglo, sino transformaos por medio de la renovación de vuestro entendimiento, para que comprobéis cuál sea la buena voluntad de Dios, agradable y perfecta" (Romanos 12:2).
6. "...puestos los ojos en Jesús, el autor y consumador de la fe, el cual por el gozo puesto delante de él sufrió la cruz, menospreciando el oprobio, y se sentó a la diestra del trono de Dios" (Hebreos 12:2).

136
VISIÓN

Querido Padre celestial, tú has prometido derramar tu Espíritu sobre toda carne en estos últimos días. Has prometido que harías que los jóvenes vieran visiones,[1] porque sin tu visión el pueblo se desenfrena y perece.[2] Gracias por darle a ____________ la visión que tú tienes para su vida. Oro, Padre, porque mi hija obedezca tu Palabra y escriba esa visión, para que pueda correr con fuerza y paciencia.[3] Que no permita que nada ni nadie sea obstáculo en el camino de esa visión.

Gracias, Señor, por equiparla para cumplir el trabajo que tú le has encomendado. Que mi hija sepa que tú eres fiel para hacer lo que has prometido.[4] Te pido, Señor, que mi hija renueve su mente en ti para que pueda conocer cuál sea tu buena voluntad, agradable y perfecta.[5] Que nunca se conforme con menos, sino que mantenga su mirada en ti y en la meta que tú le has puesto delante.[6] Gracias, Jesús, por permitir que mi hija cumpla la visión que has puesto en su corazón. Amén.

Conclusión

Usted no tiene por qué estar sentado y observar a sus hijos destruirse a sí mismos. Ninguna cantidad de información psicológica puede convencerme de que es normal para los jóvenes atravesar etapas de rebelión e indiferencia sólo porque es la edad. La Palabra declara que los jóvenes sean "ejemplo de los creyentes en palabra, conducta, amor, espíritu, fe y pureza" (1 Timoteo 4:12). ¡Dios tiene mayores planes que los nuestros para nuestros jóvenes! ¡Él tiene mejores expectativas de esta generación que las que jamás hayamos tenido! Si nos comprometemos a orar por los jóvenes de esta nación y del mundo, veremos el poder de Dios desatarse de una manera sobrenatural, transformándolos ante nuestros ojos.

Eso significa que tenemos un trabajo que hacer. Las oraciones de este libro le ayudarán a utilizar la Palabra de Dios osadamente, mientras usted lucha en las regiones celestes por sus hijos (vea Efesios 6:12). ¡Pero las oraciones tienen que ser mezcladas con la fe para ver los resultados! Recuerde que Hebreos 6:12 nos dice que nosotros heredamos las promesas de Dios por la fe y la paciencia. La fe y la paciencia caracterizan una ventaja activa en el reino de las tinieblas, si nos damos cuenta que "las armas de nuestra milicia no son carnales, sino poderosas en Dios para la destrucción de fortalezas" (2 Corintios 10:4). ¿Cree usted verdaderamente que Dios puede enviar un avivamiento en nuestros jóvenes? ¡Entonces espérelo! Deseche la duda y la incredulidad.

Cuando las circunstancias que usted ve en las vidas de los jóvenes puedan contradecir las palabras que usted está orando, decídase a creer a la Palabra. Isaías 55:11 declara que la Palabra de Dios no vuelve a Él vacía, sino que hará lo que Él quiere y cumplirá el propósito para la cual la envió. Como usted está orando la Palabra, puede esperar los resultados por los cuales está orando.

Recuerde que Santiago 5:16 declara que "la oración eficaz del justo puede mucho". Nuestras conversaciones intencionadas con Dios pueden literalmente mover su mano dentro de nuestras circunstancias como familia. Si aprendiéramos a cómo orar la Palabra, como padres podemos ver nuestras familias levantarse en la amonestación de nuestro poderoso Dios, ¡y una generación transformada completamente a su imagen!